钱宾四先生
学术文化讲座

钱穆

儒家哲学的三个大时代

刘述先　著　郑宗义　编

中华书局

图书在版编目 (CIP) 数据

儒家哲学的三个大时代/刘述先著;郑宗义编. —北京:中华书局,2017.1
(钱宾四先生学术文化讲座)
ISBN 978-7-101-12167-4

Ⅰ.儒…　Ⅱ.①刘…②郑…　Ⅲ.儒家–哲学思想–研究
Ⅳ.B222.05

中国版本图书馆 CIP 数据核字 (2016) 第 228963 号

书　　　名　儒家哲学的三个大时代
著　　　者　刘述先
编　　　者　郑宗义
丛 书 名　钱宾四先生学术文化讲座
责任编辑　申作宏
出版发行　中华书局
　　　　　　（北京市丰台区太平桥西里 38 号　100073）
　　　　　　http://www.zhbc.com.cn
　　　　　　E-mail:zhbc@zhbc.com.cn
印　　　刷　北京新华印刷有限公司
版　　　次　2017 年 1 月北京第 1 版
　　　　　　2017 年 1 月北京第 1 次印刷
规　　　格　开本/889×1194 毫米　1/32
　　　　　　印张 8⅞　字数 140 千字
印　　　数　1-6000 册
国际书号　ISBN 978-7-101-12167-4
定　　　价　38.00 元

图书策划:活字文化

总　序

金耀基

今年是香港中文大学新亚书院创校六十周年，新亚书院之出现于海隅香江，实是中国文化一大因缘之事。六十年前，几个流亡的读书人，有感于中国文化风雨飘摇，不绝如缕，遂有承继中华传统、发扬中国文化之大愿，缘此而有新亚书院之诞生。老师宿儒虽颠沛困顿而著述不停，师生相濡以沫，弦歌不辍而文风蔚然，新亚卒成为海内外中国文化之重镇。1963 年，香港中文大学（下简称"中文大学"或"中大"）成立，新亚与崇基、联合成为中大三成员书院。中文大学以"结合传统与现代，融会中国与西方"为愿景。新亚为中国文化立命的事业，因而有了一更坚强的制度性基础。1977 年，我有缘出任新亚书院院长，总觉新亚未来之发展，途有多趋，但归根结底，总以激扬学术风气、树立文化风格为首要。因此，我与新亚同仁决意推动一些长期性的学术文化计划，其中以设立与中国文化特别有关之"学术讲座"为重要目标。我对新亚的学术讲座提出了如下的构想：

　　"新亚学术讲座"拟设为一永久之制度。此讲座由"新亚学术基金"专款设立，每年用其孳息邀请中外杰出学人来院作一系列之公开演讲，为期两周至一个月，年复一年，赓续无断，与新亚同寿。"学术讲座"主要之意义有四：在此"讲座"制度下，每年有杰出之学人川流来书院讲学，不但可扩大同学之视野，本院同仁亦得与世界各地学人切磋学问，析理辩难，交流无碍，以发扬学术之世界精神。此其一。讲座之讲者固为学有专精之学人，但讲座之论题则尽量求其契扣关乎学术文化、社会、人生根源之大问题，超越专业学科之狭隘界限，深入浅出。此不但可触引广泛之回应，更可丰富新亚通识教育之内涵。此其二。讲座采公开演讲方式，对外界开放。我（个人）相信大学应与现实世界保有一距离，以维护大学追求真理之客观精神，但距离非隔离，学术亦正用以济世。讲座之向外开放，要在增加大学与社会之联系与感通。此其三。讲座之系列演讲，当予以整理出版，以广流传，并尽可能以中英文出版，盖所以沟通中西文化，增加中外学人意见之交流也。此其四。

　　新亚书院第一个成立的学术讲座是"钱宾四先生学术

文化讲座"。此讲座以钱宾四先生命名，其理甚明。钱穆宾四先生为新亚书院创办人，一也。宾四先生为成就卓越之学人，二也。新亚对宾四先生创校之功德及学术之贡献，实有最深之感念也。1978 年，讲座成立，我们即邀请讲座以他命名的宾四先生为第一次讲座之讲者。八十三岁之龄的钱先生缘于对新亚之深情，慨然允诺。他还称许新亚之设立学术讲座，是"一伟大之构想"，认为此一讲座"按期有人来赓续此讲座，焉知不蔚成巨观，乃与新亚同跻于日新又新，而有其无量之前途"。翌年，钱先生虽困于黄斑变性症眼疾，不良于行，然仍践诺不改，在夫人胡美琦女士陪同下，自台湾越洋来港，重踏上阔别多年的新亚讲堂。先生开讲的第一日，慕其人乐其道者，蜂拥而至，学生、校友、香港市民千余人，成为一时之文化盛会。在院长任内，我有幸逐年亲迎英国剑桥大学的李约瑟博士、日本京都大学的小川环树教授、美国哥伦比亚大学的狄百瑞教授和中国北京大学的朱光潜先生，这几位在中国文化研究上有世界声誉的学人的演讲，在新亚，在中大，在香港，都是一次次文化的盛宴。1985 年，我卸下院长职责，利用大学给我的长假，到德国海德堡做访问教授，远行之前，职责所在，我还是用了一些笔墨劝动了美国哈佛大学的杨联陞教授来新亚做八五年度讲座的讲者。这位自嘲为"杂家"、被汉学界奉为"宗匠"的史学家，在新亚先后三次演讲中，对中国文化中"报"、"保"、"包"三个关键词作了渊渊入微的精彩阐析，从我的继任林聪标院长信中知道杨先生的一系列演讲固然圆满成功，而许多活动，更是多彩多姿。联陞先生给我的信中，也表示他与夫人的香港之行十分愉快，还嘱我为他的讲演集写一跋。这可说是我个人与"钱宾四先生学术文化讲座"画上了愉快的句点。此后，林聪标院长、梁秉中院长和现任的黄乃正院长，都亲力亲为，年复一年，把这个讲座办得有声有色。自杨联陞教授之后，赓续来新亚的讲座讲者有余英时、刘广京、杜维明、许倬云、严耕望、墨子刻、张灏、汤一介、孟旦、方闻、刘述先、王蒙、柳存仁、安乐哲、屈志仁诸位先生。看到这许多来自世界各地的杰出学者，不禁使人相信，东海、南海、西海、北海，莫不有对中国文化抱持与新亚同一情志者。新亚"钱宾四先生学术文化讲座"的许多讲者，他们一生都在从事发扬中国文化的事业，或者用李约瑟博士的话，他们是向同代人和后代人为中国文化做"布道"的工作。李约瑟博士说："假若何时我们像律师辩护一样有倾向性地写作，或者何时过于强调中国文化贡献，那就是在刻意找回平衡，以弥补以往极端否定它的这种过失。我们力图挽回长期以来的不公与误解。"的确，百年来，中国文化屡屡受到不公的对待，甚焉者，如在"文化大革命"中，中国传统的文化价值，且遭到"极端否定"的命运。正因此，新亚的钱宾四先生，终其生，志力所在，都在为中国文化招魂，为往圣继绝学，而"钱宾四先生学术文化讲座"

之设立，亦正是希望通过讲座讲者之积学专识，从不同领域，不同层面，对中国文化阐析发挥，以彰显中国文化千门万户之丰貌。

"钱宾四先生学术文化讲座"讲者的演讲，自首讲以来，凡有书稿者，悉由香港中文大学出版社印行单行本。如有中、英文书稿者，则由中文大学出版社与其他出版社，如哈佛大学出版社、哥伦比亚大学出版社，联同出版。三十年来，已陆续出版了不少本讲演集，也累积了许多声誉。日前，中文大学出版社社长甘琦女士向我表示，讲座的有些书，早已绝版，欲求者已不可得，故出版社有意把"讲座"的一个个单行本，以丛书形式再版问世，如此则搜集方便，影响亦会扩大，并盼我为丛书作一总序。我很赞赏甘社长这个想法，更思及"讲座"与我的一段缘分，遂欣然从命。而我写此序之时，顿觉时光倒流，重回到七八十年代的新亚，我不禁忆起当年接迎"钱宾四先生学术文化讲座"的几位前辈先生，而今狄百瑞教授垂垂老矣，已是西方新儒学的鲁殿灵光。钱宾四、李约瑟、小川环树、朱光潜诸先生则都已离世仙去，但我不能忘记他们的讲堂风采，不能忘记他们对中国文化的温情与敬意。他们的讲演集都已成为新亚书院传世的文化财产了。

二〇〇九年六月二十二日

目　录

传统与现代的探索
　　——迎刘述先教授来新亚书院讲学（郑宗义）　　1

引　言　　1

第一部分　先秦儒学　　3

第二部分　宋（元）明儒学　　67

第三部分　现代新儒学　　175

附录　论"回环"的必要与重要性　　237

后　记　　263

传统与现代的探索

——迎刘述先教授来新亚书院讲学

郑宗义

一　简介

欢迎刘述先教授——新亚书院今年（2005）的钱宾四先生学术文化讲座学人。

刘述先教授祖籍江西吉安，1934 年生于上海，台湾大学哲学系学士、硕士，毕业后任教东海大学六年。1964 年负笈美国南伊利诺伊大学，师从当代著名哲学家、神学家魏曼教授（Henry Nelson Wieman），取得博士学位后即留校任教，先后担任助理教授、副教授，1974 年升任正教授。留美期间，刘教授曾三度应邀到香港中文大学哲学系任教并主持系务。1981 年，刘教授辞去南伊大的教职，正式应聘出任中大哲学系讲座教授兼系主任，展开了他与中大前后长达二十多年的因缘，迄 1999 年荣休为止。多年来，刘教授尽心尽力于教学、研究及行政工作，对中大哲学系及他所属的新亚书院贡献良多。他曾谓自己宝贵的生命有大部分时光在中大度过，对中大有一份深厚的感情。因此，作为"中大人"，刘教授是次重临旧地，担任新亚书院第十八届钱宾四先生学术文化讲座的讲者，实在是意义深远。

刘教授自中大荣休以后，迁居台湾，出任"中央研究院"中国文哲研究所特聘讲座、东吴大学哲学系讲座教授，其教学不倦正体现了一个真诚学者的风范。在研究方面，刘教授成就卓越，著作等身。数十年来，共出版专书二十多种，编汇书刊十多种，发表的中英文期刊论文及其他学术评论文字更不计其数。尤有甚者，他毕生致力于儒学传统的现代重建，教研之外，尝参与筹组"亚洲与比较哲学会"（SACP）、"国际中国哲学会"（ISCP）；1986 年至 1988 年间，更获选为国际中国哲学会主席。此外，他又应邀为《剑桥哲学词典》（*The Cambridge Dictionary of Philosophy*）、《中国哲学百科全书》（*Encyclopedia of Chinese Philosophy*）撰写有关中国哲学的条目。刘教授着力推动儒学的返本开新，为他赢得第三代新儒家的美誉。新近出版的《儒学百科全书》（*Routledge Curzon Encyclopedia of Confucianism*）有专条介绍刘教授及列举其重要著作，可以说是对他多年努力的一种肯定。

在这次新亚书院钱宾四先生学术文化讲座中，刘教授将为我们作一连三次的演讲：（一）先秦儒学；（二）宋（元）明儒学；（三）现代新儒学，凡此皆是他多年用思的课题，必定有精彩的阐发与独特的创见，并为我们提纲挈领地勾画出儒学三期发展的历史与思想特色。

二　学思历程

刘教授成长的二十世纪中期，仍是中国传统文化花果飘零的时代。在那样的氛围下，对任何一个委身人文学术研究的学人来说，"中国文化的何去何从"不可能不成为其中心关怀。或许是家学渊源的缘故，刘教授少年时即与"五四"反传统的时流不相契合，反而深信传统与现代之间应是一辩证关系；中国传统文化在近代尽管受到西方的冲击而产生前所未有的断裂，但只要经过深刻的自省与重新的诠释，应如火浴后的凤凰再生，仍能有所传承，有所创新。必须指出，刘教授虽发愿要沟通传统与现代，但他清楚认识到深刻的自省与重新的诠释是必须要有比较文化的视野始能竟其功。于是在业师方东美教授的启导下，刘教授展开了他的当代西方哲学特别是文化哲学之旅。少年的他立下豪情壮志，要把当代西方的哲学名家逐家研习，《语意学的真理》《新时代哲学的信念与方法》《文化哲学的试探》《生命情调的抉择》以及卡西勒（Ernst Cassirer）《论人》（*An Essay on Man*）的翻译等作品便是这一阶段学思的成果。

西方哲学的学习固然诱人沉醉，但并未使刘教授把原先对中国哲学的关怀束之高阁。他对传统中国哲学的向往，仍持续通过阅读以及与前辈学者如牟宗三、徐复观等先生的交往问学，以一种默识的方式存放在脑海中。积蓄、酝酿、发酵的结果是等待让它成熟释放的机缘。而第一个机缘显然是留美的学习与教学。由是观之，刘教授选择研究田立克（Paul Tillich）作为博士论文的题目便绝非偶然，而是看中田氏提出"终极关怀"（ultimate concern）的观念与中国哲学特别是儒家讲求"为己之学"有若合符节、互相攻错之处。及后留在南伊大教学，刘教授乃开始用英文撰写关于中国哲学的文章，向英语学界介绍中国哲学思想。而第二个更大的机缘促使他回归中国哲学的研究则是应聘来中大任教。回到华人的社会，刘教授很清楚这是对中国哲学做更专精的挖探的合适时机，《朱子哲学思想的发展与完成》便是这样写出来的巨著。他在此书中成功地综合了钱穆先生的考据与牟宗三先生的思辨，自成一家言说。后来又出版《黄宗羲心学的定位》，仔细梳理黄宗羲思想对刘蕺山的继承、对王阳明的简择与对朱子的批评，判定宗羲心学虽有内在一元的倾向，然仍守得住理学的矩矱，故从思想史的角度许之为宋明儒学的殿军。至此刘教授已十分自觉到他要继承当代新儒家的学统。

学有专精并不使刘教授以专家自限，他更关心的是怎样转化中国传统文化？怎样使当代新儒家种植的灵根能结出更丰硕的花果？怎样抉发儒学的睿识以贡献于时代？《大陆与海外——传统的反省与转化》《理想与现实的纠结》《当代中国哲学论：人物篇》及《当代中国哲学论：问题篇》等著作便是这些关怀的具体见证。近年，刘教授的工作主要集中在两方面。第一，依新儒家的观点整理儒学从古到今的发展，并以英文撰写，兼收向英语学界推广之效。由是乃有 1998 年 *Understanding Confucian Philosophy: Classical and Sung-Ming* 及 2003 年 *Essentials of Contemporary Neo-Confucian Philosophy* 两书的出版。值得注意的是，刘教授在整理当代儒学的发展时，力求兼收并蓄，为现代新儒学的运动确立了一个"三代四群"的架构，以避免因学派归属问题而引起的争论。第二，以崭新的方式重新诠释宋儒"理一分殊"的观念，并将其具体化为积极参与由孔汉思（Hans Küng）发起的"全球伦理"（Global Ethic）的讨论。个中详情，可参看他的《全球伦理与宗教对话》一书。

1994 年，刘教授撰写了记述自己学思历程的自传《传统与现代的探索》。这书虽出版逾十年，但其中有些话仍生动地记录了一个刚健不息的学术心灵怎样回顾、定位与展望自己的学思发展，且听夫子自道："有趣的是，我年轻时狂妄无知，眼高于顶，垂老反而清楚地了解自己的成就有限，限制极大。只有一点，数十年来我始终锲而不舍，追求自己的理想，绝不放松。我现在特别注目于高远的理想如何具体落实的问题，我的思想还在不断发展、形成的过程之中。哲学，就是不断作哲学的思考、永远不会有终止的时刻，这是东西哲学共同的慧识，也是数十年来我日益有更深刻的体认的信守。"

三　刘述先教授著作（选录）

甲、著作

1.《语意学的真理》，台北：广文，1963。

2.《新时代哲学的信念与方法》，台北：商务印书馆，1966；修订版，1986。

3.《文化哲学的试探》，台北：志文，1970；新版，台北：台湾学生书局，1985。

4.《生命情调的抉择》，台北：志文，1974；新版，台北：台湾学生书局，1985。

5.《中国哲学与现代化》，台北：时报，1980。

6.《朱子哲学思想的发展与完成》，台北：台湾学生书局，1982；修订版，1984；增订三版，1995。

7.《文化与哲学的探索》，台北：台湾学生书局，1986。

8.《黄宗羲心学的定位》，台北：允晨，1986。

9.《中西哲学论文集》，台北：台湾学生书局，1987。

10.《大陆与海外——传统的反省与转化》，台北：允晨，1989。

11.《理想与现实的纠结》，台北：台湾学生书局，

1993。

16.《传统与现代的探索》，台北：正中，1994。

13.《当代中国哲学论：人物篇》，美国八方文化企业公司，1996。

14.《当代中国哲学论：问题篇》，美国八方文化企业公司，1996。

15.《儒家思想意涵之现代阐释论集》，台北："中央研究院"中国文哲研究所筹备处，2000。

16.《全球伦理与宗教对话》，台北：立绪，2001。

17. *Understanding Confucian Philosophy: Classical and Sung-Ming*. Westport, Connecticut and London: Greenwood Press（hard cover）, Praeger Publishers（paperback）, 1998.

18. *Essentials of Contemporary Neo-Confucian Philosophy*. Westport, Connecticut and London: Praeger Publishers, 2003.

乙、主编书刊

1.《熊十力与刘静窗论学书简》，台北：时报，1984。

2.《儒家伦理研讨会论集》，新加坡：东亚哲学研究所，1987。

3.《哲学、文化与教育》（与杜祖贻合编），香港：中文大学出版社，1988。

4.《当代儒学论集：传统与创新》，台北："中央研究院"中国文哲研究所筹备处，1995。

5. 《当代儒学论集：挑战与回应》，台北："中央研究院"中国文哲研究所筹备处，1995。

6. 《儒家思想与现代世界》，台北："中央研究院"中国文哲研究所筹备处，1997。

7. 《文化传统的延续与转化》（与梁元生合编），香港：中文大学出版社，1999。

8. 《儒家思想在现代东亚：中国大陆与台湾篇》，台北："中央研究院"中国文哲研究所筹备处，2000。

9. *Harmony and Strife: Contemporary Perspectives, East and West, with Robert E. Allinson*. Hong Kong: The Chinese University Press, 1988.

引　言

　　这次能够应邀回新亚来作"钱宾四先生学术文化讲座"乃是我的殊荣。讲座自 1978 年开始，遍邀海内外名家，如今到我来作讲座，是新亚自己人，有机会回校园来再续前缘，特别有一份亲切的感受。关于我和宾四先生在学术上的渊源，我在中大儒者会议发表的演讲中已经有所表白，此处不赘。现在我只想说，在耀基兄任院长时，请宾四先生回来，是新亚继续成长的一个重要契机，而讲座的设立更是其中极关紧要的一个环节。1983 年朱光潜先生应邀来作第五届讲座，老友睽隔数十年之后又得与宾四先生在香江重逢，是学术界难得的盛事。新亚在海内外学术的交流中扮演了一个有前瞻性的特别角色是无可置疑的，我们得以躬逢其盛，也是与有荣焉！此后宾四先生经常有机会回新亚，记得有一年时维中秋，李杜兄带我去拜谒先生，本来只打算稍作停留，以免老人劳累，不想先谈朱熹，后来宾四先生又畅谈他的《中庸》新解，就留下来便餐，还品尝了月饼，欣赏了皎洁的月色而后赋归。此后我经常参与弟子们在先生访港时安排的欢宴。而我对宾四先生的敬仰还远不只在他的学问，更在他为人的风格。那时韩国李退溪的后人要在台北成立退溪学会，专程到台北来敦请先生担任台北分会的会长，但先生以不能在成立朱子学会之前先成立退溪学会为辞，颇展现了凛凛的风骨与一代大儒的气象。当然就学术而言，我是学哲学的，视域有许多与宾四先生不同。但我一贯认为先生与狭义当代新儒家统绪的差别是儒学内部的分疏，颇类似宋代朱陆之异同，所异不掩其所同。特别是我们作为后辈的，谨遵宾四先生不立门户之教，转依多师。或者这次讲座所讲，可以作为我在这里所说的一番话的见证罢！

中国文化的源远流长，三皇五帝的传说虽非史实，自汉代以来即长期为国人所接受，展示了某种思想的方向与规模，影响深远。我的注意力集中在儒家哲学方面，牟宗三先生首先提出儒家哲学三个大时代（three epochs）的说法，由杜维明广布于天下，我的两部英文著作对此论旨有更进一步的阐发，读者可以参看：

Shu-hsien Liu, *Understanding Confucian Philosophy: Classical and Sung-Ming*（1998）.

Shu-hsien Liu, *Essentials of Contemporary Neo-Confucian Philosophy*（2003）.

第一部分　先秦儒学

"儒家"（Confucianism）一词歧义甚多。我提议分别开三个不同而互相关联的面相来讨论：精神的儒家（Spiritual Confucianism），政治化的儒家（Politicized Confucianism），与民间的儒家（Popular Confucianism）。[1] 很自然地，我的注意力集中在儒家哲学精神的大传统方面。牟宗三先生首先提出儒家哲学三个大时代的说法，[2] 由杜维明广布于天下。[3] 我也接受这一说法，但对先秦儒学、宋

1　参拙著：《儒家思想意涵之现代阐释论集》（台北："中央研究院"中国文哲研究所筹备处，2000），页122。精神的儒家指孔孟、程朱、陆王以及当代新儒家通过创造性的诠释、改造力求复兴的大传统；政治化的儒家指汉代以来发展成为朝廷义理的传统；民间的儒家指在草根层面无形中发生作用的信仰与习惯。英文参拙著，Shu-hsien Liu, *Understanding Confucian Philosophy: Classical and Sung-Ming* (Westport, Conn. and London: Greenwood Press [hard cover] and Praeger Publishers [paparback], 1998), pp. 13–14。

2　参牟宗三：《道德的理想主义》（台北：台湾学生书局，修订五版，1982），页1—2。此书现收入联经于2003年出版的《牟宗三先生全集》第9册。

3　Cf. Wei-ming Tu, "Confucianism",in *Our Religions*, ed. Arvind Sharma（New York: Harper Collins Publishers, 1993）, pp. 139–227. 文中讨论了 Three Epochs of the Confucian Way。

（元）明儒学、现代新儒学有我自己的诠释与理解。我的两部英文著作：*Understanding Confucian Philosophy: Classical and Sung-Ming*，*Essentials of Contemporary Neo-Confucian Philosophy* 对此论旨已经有进一步的阐发，读者可以参看。[4] 在中文方面，由于我随时有论题，随时写论文，结集为论文集，虽然可以对不同的论题畅所欲言，诸文内容也可以互补，但毕竟缺乏一统观，不免有憾。这次讲座，正可以将之显题化，弥补了这一缺陷。我是站在前辈的肩膀上往前探索。同时我谨遵宾四先生不立门户之教，[5] 除受益于牟先生与业师方东美先生之外，转依多师，形成了我自己的见解，利用这一难得的机会表达出来。

我先由第一个大时代先秦儒学讲起。中国上古有三皇五帝的传说，[6] 虽非信史，但长久流传，深入人心，有无形

4　Shu-hsien Liu, *Understanding Confucian Philosophy: Classical and Sung-Ming*; *Essentials of Contemporary Neo-Confucian Philosophy*（Westport, Conn. and London: Praeger Publishers, 1998,2003）. 此后二书分别简称为：Liu, *Confucian Philosophy*, *Contem-porary Neo-Confucian Philosophy*。

5　参钱穆：《答张君劢先生论儒家哲学复兴方案函》，《再生》（复字第 1 卷第 22 期，总 370 期，1958.7.16）。我曾引该函，见拙著：《当代中国哲学论：问题篇》（美国：八方文化企业公司，1996），页 19—20。钱先生说："抑今日之局，诚旷古未有之大变，诚使尼丘复起，正不乏大声疾呼、持梃夺击之徒各尚意气，各树门户，而岂口舌之可争者，与影竞走，不如退藏而匿迹。"

6　三皇、五帝有不同的异说。譬如天、地、人三皇，这明显是神话。比较流行的说法是燧人、伏羲、神农；五帝则是黄帝、颛顼、帝喾、尧、舜。《史记》有《五帝本纪》。钱先生说："司马迁为《史记》，谓儒者载籍极博，必考信于六艺，自负以《史记》继《春秋》之后。五帝首黄帝，三皇传说早未列入。至《史记》所载五帝帝系，后人亦多驳辩。故三皇五帝之旧传说，在中国历史学界，本未严格信守也。"引自钱穆：《国史大纲》（台北：商务印书馆，二册，1967；初版，1940），上册，页 4。

的影响。国人自认炎黄世胄,仲尼祖述尧舜,宪章文武,已经展示了中国文化传统的特质。中国上古的圣王,虽受命于天,传说中也不乏神迹,但从不强调神秘的天启。他们都是创造文化的英雄,而系谱一脉相传,隐隐然凸显出一个一元正统的秩序。一直要到西风东渐以后,傅斯年才有"殷人在东,周人在西"的说法。[7] 对传统来说,地域的差别并不重要,关键在于入主中原,继承正统。尧舜的禅让自不免含有理想化的成分。到三代(夏、商、周)的家天下,汤武吊民伐罪,由考古的发掘,证实了文字记载的正确,而进入了信史的领域。由公元前844年开始,历史记录没有间断,委实令人惊叹![8] 这一古老文明进入近代,饱经挫折,迄今仍展现活力,1993年6月14日的《时代》杂志还以孔夫子做封面,更足令人惊异。在这一讲我将尝试揭示儒家哲学形成的精神渊源。

据雅斯贝尔斯(Karl Jaspers)的观察,由公元前800年至公元200年,世界各地文明都有了某种"突破",不再盲从传说,而有了意识的"觉醒",因此他提出"枢轴时

---

7 参傅斯年:《夷夏东西说》,《庆祝蔡元培先生六十五岁论文集》,"国立中央研究院"历史语言研究所集刊外编第一种,1933。现收入《傅斯年全集》第3册。
8 印度文明可能比中国更为古老,却缺乏古代的历史记录。方东美师曾引罗素语,"In his Mysticism and Logic, Bertrand Russell has asserted that to realize the unimportance of time is the gate of wisdom." 这可以反映古代印度文明的态度。但东美师指出,入智慧之门不限于一途,"Why not say: 'to realize the importance of time is the gate of wisdom.'" 这反映了古代中国文明的态度。参 Thome H. Fang, *Chinese Philosophy: Its Spirit and Its Development*(Taipei: Linking Pub. Co., 1981), p. 34. 此书有孙智燊中译,详后,参本部分注47。

代"（Axial Age）之说，[9]代表人物有苏格拉底、耶稣基督、佛陀、孔子等。但希腊哲学、基督宗教、佛教与传统的突破有明显的断裂性。苏格拉底仰药而死，耶稣钉十字架，释迦出家是有强烈的象征意味的。但孔子却说自己"述而不作，信而好古"（《论语·述而第七》），虽然不免夸张，所凸显的很明显是与传统的连续性。陈来说："中国轴心时代的变化，并不是断裂的突变，从孔子对周公的倾心向往……可以看出轴心时代与前轴心时代的明显连续的一面。所以，从注重文化的连续来看，公元前 500 年左右时期内的中国文化与三代以来的文化发展的关系，乃是连续上的突破，突破中有连续。"[10]这是符合实情的观察。而孔子无疑是具有关键性的重要人物，同样具有强烈的象征意味，请容许我们做进一步的探索。

孔子

孔子（公元前 551—前 479），名丘，字仲尼。他是殷遗民，出身于没落的贵族。他自谓"吾少也贱，故多能鄙事"（《论语·子罕第九》）。他并无一定师承，自谓学不厌，

9　参 Karl Jaspers, *The Origin and Goal of History,* trans. M. Bullock（New Haven, CT: Yale University Press, 1953）。"axial age"一词另译"轴心时代"，我因不喜欢二次大战德、日、意组成"轴心国家"的联想，故宁取"枢轴时代"的译法。

10　陈来：《古代宗教与伦理——儒家思想的根源》（北京：生活·读书·新知三联书店，1996），页 5。

诲不倦（参《论语·述而第七》）。据《史记》的说法，他曾去周都城问礼于老聃。所谓"儒"，原本是礼、乐的专家。孔子以六艺授徒，[11] 声誉日隆。到五十岁左右曾一度出仕鲁国，然受抑于三卿，弃官离鲁。周游列国，终不见用。六十八岁返鲁，继续教学，整理文献。五年后逝世，享年七十三岁。

孔子一生并无赫赫功绩，也无丰富著述，十分平淡无奇。传世的《论语》只不过是汇集起来的学生笔记，缺少谨严的逻辑，也没有宏伟的理论，似乎只不过是一连串的箴言而已，多是老生常谈，往往重复，甚至自相矛盾。有趣的是，当代西方哲学家芬格莱特（Herbert Fingarette）一直为《论语》之谜所困惑，他不明白这部书的吸引力和重要性究竟在什么地方。[12] 他没事就拿它来念，念来念去都念不出名堂。孔子讲的东西好像很简单，不是那么复杂，也没有什么论证。不要说没法与柏拉图、亚里士多德相比，连跟罗马的西塞罗，都好像不够比的。可他念来念去，终于发现了一个诀窍，原来孔子所擅长的，根本不是像西方哲学家那样运用分析、思维，在理论上建构大系统。芬格

11　六艺指礼、乐、射、御、书、数。汉以后，六艺也指六经：诗、书、礼、乐、易、春秋。但乐经失传，只有五经。据说孔子删诗、书，订礼乐，赞易，作春秋。但孔子时尚无所谓"六经"的名称，参徐复观：《中国经学史的基础》（台北：台湾学生书局，1982），页26、47—50。

12　Herbert Fingarette, *Confucius: The Secular as Sacred* (New York: Harper and Row, 1972).

莱特由新的行为心理学的视域去看的时候，就发现关键在"礼"的实际效用上。

"礼"原先有宗教的背景，由字形就可以看得出来。示字边旁与神祇有关联，则是祭器的形象。原始宗教里有所谓魔术，那些东西到了文明发展以后就被视为迷信，其实并不全然如此。那么孔子特别在什么地方呢？他自己是俗世的心态，非常人间性，兴趣不在彼岸。从行为心理学的观点去看孔子，就发现一点：原来"礼"不是讲抽象的道理，更着重实践的行为。照着礼去做，就会产生像魔术般的效用！举一个例子就明白了。如果两个人交往，一副不友善的样子，那还有什么可说！但如顺着礼仪，亲切地互相问候，"有朋自远方来，不亦乐乎"（《论语·学而第一》），彼此间的距离一下子就消失了。孔子的奥秘在于，在俗世（secular）的日用常行之中，贯穿着神圣的（sacred）魔术效用。故此芬格莱特的书名就叫：《孔子：即凡而圣》（*Confucius: The Secular as Sacred*），在二十世纪七十年代初出版，小小一本书，在西方产生了巨大的影响。由之可以看到孔子在当前的意义。嗣后安乐哲（Roger T. Ames）与郝大维（David L. Hall）著书论孔子与汉代儒学，强调不能以传统西方的哲学范畴强加于中国哲学思想之上。[13] 到了世纪之交，南乐山（Robert Cummings Neville）

---

13 Roger T. Ames and David L. Hall, *Thinking through Confucius*（Albany: State University of New York Press, 1987）, *Thinking from the Han: Self, Truth, and* （转下页）

著书论"波士顿儒家",更进一步打破传统藩篱,而以儒家为一可以移植的精神传统,不必局限在中国传统文化的畛域以内。[14]

芬格莱特掌握了孔子思想的一个重要面相,所以才能在当代西方引起巨大的回响。但他的诠释不免失之于片面,推论尤其过当,不能不加以辨正。[15] 他由行为心理学的视域把"礼"看作最根本的东西,谴责孟子把重点转移到"心",有了主观主义的倾向,这样的说法是不成立的。孟子继承孔子,仁心之戚,其来有自。孔子自述为学的过程,谓:"吾十有五而志于学,……七十而从心所欲,不逾矩。"

(接上页) *Transcendence in Chinese and Western Culture* (Albany: State University of New York Press, 1998). 安乐哲和郝大维的命意是可以欣赏的,但因反对把西方观念强加在中国传统之上,推论过当反而落入了中西二元对立的窠臼。他们认为中国古代无"超越"思想,所谓"超越"只能指基督教式的"纯粹超越"(Pure Transcendence),而否定有所谓"内在超越"(Immanent Transcendence)形态,难以令人苟同。由以下的申论可以看出这一类对于孔子思想诠释之不妥。

14　Robert Cummings Neville, *Boston Confucianism: Portable Tradition in the Late-Modern World* (Albany: State University of New York Press, 2000). 南乐山不只认为儒家是可以移植的精神传统,而且以波士顿儒家有荀、孟二家。在查尔斯河以北是以哈佛杜维明为代表的孟学系统,重点放在仁心之扩充;以南是以波士顿大学神学院他本人和白诗朗(John H. Berthrong)为代表的荀学系统,重点放在礼俗的建构,很明显是芬格莱特的流亚。我曾对南乐山有积极的回应与批评,参拙作:《作为世界哲学的儒学:对于波士顿儒家的回应》,现收入拙著:《现代新儒学之省察论集》(台北:"中央研究院"中国文哲研究所,2004),页17—38。读者可以参看。我指出"富而好礼"可能是当前美国社会发展到现阶段有需要求变,吸纳儒家的睿识与实践的一个诱因。

15　亡友傅伟勋首先发难,由方法论的观点批芬格莱特与孟旦(Donald Munro)的说法,参 Charles Wei-hsun Fu, "Fingarette and Munro on Early Confucianism: A Methodological Examination". 我即加以响应,讨论了西方学者扭曲传统中国哲学的效果,参 Shu-hsien Liu, "Sinological Torque: An Observation". 二文均刊于 *Philosophy East and West*, vol. 28, no. 2 (April, 1978)。

（《论语·为政第二》）立志就必须要靠心。他描写自己心灵成长的过程，到 70 岁才到达从"心"所欲的境界。孟子修养功夫讲"求放心"（《孟子·告子上》）、"不动心"（《孟子·公孙丑上》），正是继承孔子思想的苗裔。[16]

在今日谈古代思想不免受到文献的拘限，其实回到孔子时代，已经有了这个问题。他说："夏礼吾能言之，杞不足征也。殷礼吾能言之，宋不足征也。文献不足故也。足则吾能征之矣。"（《论语·八佾第三》）我们今日谈孔子思想，唯一比较可靠的文献就是《论语》。但现在流传的《论语》是汉代编定的版本，已经不是十分可靠。只不过我们别无选择，只能以之为主要的依据了。而《论语》号称难读，并不是因为它文辞古奥，正因为它是与学生当机的对答记下来的笔记，故缺乏系统的严整性，也缺乏概念的清晰性。但它的确展示了一个确定的思想的走向。要了解这一走向，正如芬格莱特所指出的，别无良策，只有一遍一遍地读，久之思想的条理自现。当然各人的解读不同，对文本会有不同的诠释，难以归一，事至显然。只有尽自己的努力，把文本提供的资料组织起来，建构一条思路，希望能够展示出隐含在其间的一贯思路。[17]

---

16 孟子思想是孔子思想进一步的发展，宋明以来已成定说，清儒戴震也无异议。对于孟子心性论进一步的了解，请参拙作：《孟子心性论的再反思》，收拙著：《当代中国哲学论：问题篇》，页 139—158。
17 历代累积的《论语》注释可谓汗牛充栋，宋以后最具宰制性影响力的是朱子的《四书集注》。朱子一生用力甚勤，建构一条思路，帮助我们了解古典，（转下页）

孔子思想有一贯之道并不是我们的臆测,而是根据他自己的证词。他曾经和子贡有一段对话:

> 子曰:"赐也,女以予为多学而识之者与?"对曰:"然,非与?"曰:"非也,予一以贯之。"(《论语·卫灵公第十五》)

但他从来没有说明他的一贯之道是什么,于是引起了学生的困惑。有一次,子曰:"参乎,吾道一以贯之。"曾子曰:"唯。"子出。门人问曰:"何谓也?"曾子曰:"夫子之道,忠恕而已矣。"(《论语·里仁第四》)

接近孔子的曾子说出了自己的阐释,门人不再追问下去。但你能够满意这样的答复吗?这个回答是非常有问题的。一以贯之是一个啊,曾子却讲出两个东西来了,除非忠与恕是一体之两面。事实上也的确如此,由字形就可以看得出来,忠是"中心",恕是"如心",所以两个还是一个,可这是一个弯曲的表达。朱熹《四书集注》作了进一步的阐释谓:"尽己之谓忠,推己之谓恕。"大体得之。[18]

(接上页)岂云小补。但朱子思想也是通过对于古典文本诠释以后建构的思路,并不等同于古代的思想。过分信从朱子,阳明所谓此亦述朱,彼亦述朱,反而造成障蔽,不可不慎。中国传统学贵自得,必通过自己的亲身体证,众端参观,整理出一条融贯的思路,才能心安。牟宗三先生曾说孔子的思想纲领是"践仁以知天",大体得之。

18 这一说法来自二程,对于恕道,《论语》中有进一步的阐述。"子贡问曰:'有一言而可以终身行之者乎?'子曰:'其恕乎。己所不欲,勿施(转下页)

但怎样才算是尽己和推己呢？如果我们采取芬格莱特行为心理学的阐释，那就是人与人以礼相待，便可以收到像魔术般的效果。然而这足够说明了孔子思想的意涵吗？似乎不能，让我们再看孔子和子夏的一段对话便可以明白：

> 子夏问曰："巧笑倩兮，美目盼兮，素以为绚兮，何谓也？"子曰："绘事后素。"曰："礼后乎？"子曰："起予者商也，始可与言诗已矣。"（《论语·八佾第三》）

由这一番对话可以知道，孔子教弟子读《诗》那样的古典，不是去考证文本的原义，而是用启发的方式。画美人必先素描，然后着色。子夏触类引申，说"礼"是后起的，得到了孔子的赞赏。在什么东西之后，孔子没有说明，还得找其他资料参证才行。再看另外一段话：

> 林放问礼之本。子曰："大哉问！礼，与其奢也，宁俭；丧，与其易也，宁戚。"（《论语·八佾第三》）

（接上页）于人。'"（《论语·卫灵公第十五》）西方学者以此即所谓"金律"（golden rule）的否定式表达。有关这个问题的哲学意涵，现在学者有复杂而深入的讨论，此处不赘。参何怀宏：《"全球伦理"的可能论据》，收刘述先主编：《中国思潮与外来文化》（台北："中央研究院"中国文哲研究所，2002），页105—130中相关的讨论。

孔子称赞林放问得好，而林放追问礼之本，这就表明礼不是最根本的东西，而孔子的答复只是举了一些具体的例证，如丧葬来指点怎样做才比较合乎礼的精神。他从不给予一个直截了当的答案，而要人举一反三。孔子曾经答复樊迟对孝的追问说："生事之以礼，死葬之以礼，祭之以礼。"（《论语·为政第二》）对于儒家传统来说，丧葬无疑是一个非常重要的礼。"俭"的意思是不要去铺张，最重要的，孔子在这里选用了一个"戚"字，委实是大有意趣。孟子见梁惠王，讲起王不忍杀牛，所谓"心有戚戚焉"（朱注：心动貌），由此可以看到孔、孟思想的连贯性。芬格莱特却完全忽视了这一条线索。孟子举孺子将入于井为例，谓"人皆有不忍人之心"（《孟子·公孙丑上》），大家都耳熟能详。但很少人念《孟子》注意到，另外有一段是他对丧礼起源的解释，同样地活泼生动。他说：

> 盖上世尝有不葬其亲者，其亲死，则举而委之于壑。他日过之，狐狸食之，蝇蚋姑嘬之。其颡有泚，睨而不视。夫泚也，非为人泚，中心达于面目。盖归反虆梩而掩之。掩之诚是也，则孝子仁人之掩其亲，亦必有道矣。（《孟子·滕文公上》）

由此可见，礼的来源即是不忍人之心，也即仁心。孔子虽然不用这样的表达方式，但孟子的发挥显然无悖于他的精神。孔子曾明白说："人而不仁如礼何。人而不仁如乐何。"（《论语·八佾第三》）可见，比礼（乐）更根本的东西就是仁。而孔子宣称："志士仁人，无求生以害仁，有杀身以成仁。"（《论语·卫灵公第十五》）仁既比生死更重要，无疑是他的"终极关怀"（ultimate concern），明矣。[19] 现在我们才可以清楚地看到，孔子的突破性贡献是在春秋乱世重新提倡回归周公所建立的传统礼教的精神，却首次揭示了其内在仁心的基础，将之提升到意识的层面，通过修养，不断学习，将之发扬光大，建造一个伟大的人类文明、崇尚礼乐的人间秩序。

而《论语》里面的"仁"字有两个意义：一个是广义，仁是全德，任何德背后都有仁心；狭义的仁，则是德性的一种。而仁心是需要培养的，这得由自己做起。所以颜渊问仁，子曰："克己复礼为仁，一日克己复礼，天下归仁焉。为人由己，而由人乎哉？"（《论语·颜渊第十二》）[20]

---

19 "终极关怀"是田立克（Paul Tillich）发展出来的观念，用以重新界定"宗教信仰"，我即借以论儒家哲学的宗教意涵。1970年我发表文章《儒家宗教哲学的现代意义》，收拙著：《生命情调的抉择》（台北：台湾学生书局，新版，1985），页55—72。英文版见 Shu-hsien Liu, "The Religious Import of Confucian Philosophy：Its Traditional Outlook and Contemporary Significance", *Philosophy East and West*, vol. 21, no. 2（April, 1971），157—175。

20 有关"复礼"，学者有不同的阐释。何炳棣认为复礼是要恢复周公的礼制。我驳他说，如果到孔子的春秋时代，还要去复周公设的礼制的话，这计划才提出来就已经死掉了。孔子相信礼在生命内部有根源，所以才用"复"这样的字。参拙作：《从方法论的角度何炳棣教授对"克己复礼"的解释》与《再谈"克己复礼真诠"——答何炳棣教授》，收入拙著《当代中国哲学论：问题篇》，页 165—177、179—184。

又说："君子求诸己，小人求诸人。"(《论语·卫灵公第十五》)由此可见，孔子学问的核心是"为己之学"。"个人"在儒家思想中绝非一个不重要的概念，但儒家传统并未发展出近代西方式"个人主义"(individualism)的哲学。孔子提倡的是推己及人的恕道：

> 子贡问曰："有一言而可以终身行之者乎？"子曰："其恕乎！己所不欲，勿施于人。"(《论语·卫灵公第十五》)

同样的思想也可以有积极正面的表述：

> 子贡曰："如有博施于民而能济众，何如？可谓仁乎？"子曰："何事于仁，必也圣乎！尧舜其犹病诸！夫仁者，己欲立而立人，己欲达而达人。能近取譬，可谓仁之方也已。"(《论语·雍也第六》)

圣是比仁更高的境界。由此可以了解到孔子所教与西方所谓的"金律"(golden rule)若合符节，而且包含了正负两个方面的表达，一直到今日还为《世界伦理宣言》所肯定。[21]

21　参 Hans Küng and Karl-Josef Kuschel eds., *A Global Ethic: The Declaration of the Parliament of the World's Religions*(London: SCM Press, 1993)，pp. 23–24，（转下页）

在孔子的思想中，政治乃是伦理的延长，也和教育有紧密的关系，所谓上行下效，就是这样的意思：

> 季康子问政于孔子曰："如杀无道，以就有道，何如？"孔子对曰："子为政，焉用杀？子欲善而民善矣。君子之德风，小人之德草。草上之风，必偃。"（《论语·颜渊第十二》）

孔子认为，"道之以政，齐之以刑，民免而无耻；道之以德，齐之以礼，有耻且格。"（《论语·为政第二》）他强调"为政以德，譬如北辰，居其所而众星共之。"（《论语·为政第二》）政治的最高理想为古代的圣王所体现，孔子赞叹说："无为而治者，其舜也与！夫何为哉？恭己正南面而已矣。"（《论语·卫灵公第十五》）儒家的"无为而治"不同于道家：实行有仁心为本的礼治，天下大治，自无须心劳力绌去施政。对孔子来说："政者正也，子师以正，孰敢不正。"（《论语·颜渊第十二》）他进一步乃有"正名"的主张：

> 子路曰："卫君待子而为政，子将奚先？"子曰：

（接上页）54。世界伦理又译全球伦理。世界各大宗教或精神传统均有"金律"之陈述，并不限于儒家，但孔子是其中一个重要的精神来源，应无争议，参本部分注18。

"必也正名乎！"子路曰："有是哉，子之迂也。奚其正？"子曰："野哉由也。君子于其所不知，盖阙如也。名不正则言不顺！言不顺则事不成；事不成则礼乐不兴；礼乐不兴则刑罚不中；刑罚不中则民无所措其手足。故君子名之必可言也，言之必可行也。君子于其言，无所苟而已矣。"（《论语·子路第十三》）

孔子强调正名的应用是一种对等的双边关系，即两边各有自己应尽的职分、责任：

齐景公问政于孔子。孔子对曰："君君，臣臣，父父，子子。"公曰："善哉！信如君不君，臣不臣，父不父，子不子，虽有粟，吾得而食诸？"（《论语·颜渊第十二》）

而孔子特别重视诚信的意义与价值：

子贡问政。子曰："足食，足兵，民信之矣。"子贡曰："必不得已而去，于斯三者何先？"曰："去兵。"子贡曰："必不得已而去，于斯二者何先？"曰："去食。自古皆有死，民无信不立。"（《论语·颜渊第十二》）

总之，孔子的思想富于理想主义，把希望寄托在致力行道于天下的士君子身上，即所谓"君子忧道不忧贫"（《论语·卫灵公第十五》）。曾子作了更进一步的发挥，他说："士不可以不弘毅，任重而道远。仁以为己任，不亦重乎！死而后已，不亦远乎！"（《论语·泰伯第八》）而行仁是个没有终结的努力过程：

> 子曰："若圣与仁，则吾岂敢？抑为之不厌，诲人不倦，则可谓云尔已矣。"公西华曰："正唯弟子不能学也。"（《论语·述而第七》）

但在不断追求的过程中必有阶段性的突破与提升，孔子自述其心灵发展的过程曰：

> 吾十有五而志于学，三十而立，四十而不惑，五十而知天命，六十而耳顺，七十而从心所欲不逾矩。（《论语·为政第二》）

持续不断的努力到最后终于达到一种精神自由的境界。孔子也曾说过"仁远乎哉？我欲仁，斯仁至矣"（《论语·述而第七》）这样的话。这不是他自大自夸，也不是他前后矛盾。这是说明，仁不是虚无缥缈的幻想，乃是可以体现在我们生命里面的东西。孔子的身教让我们明白，努力不懈奋勉以求会让我们的生命产生实质的变化，外在的成功虽不可必，然而"朝闻道，夕死可矣"（《论语·里仁第四》），让我们不会空活一场，辜负了上天与父母给予我们的生命。

由以上的诠释，可以了解到孔子仁内礼外的思想，隐含了知行合一、内外一如的理念。但由推己及人就能够穷尽了他的一贯之道的含义么？似乎还是不能。孔子强调"君子上达"（《论语·宪问第十四》），这里似乎并未看到上达的消息。现代新儒家揭示了儒家传统的宗教意涵，以之为终极关怀。但它在哪一意义之下可以与西方式的宗教如犹太教、基督教、伊斯兰教做出比较呢？这还需要有进一步的探索。

孔子无疑具有一种强烈的人文主义思想，所谓"人能弘道，非道弘人"（《论语·卫灵公第十五》），但他并不像萨特（J. P. Sartre）那样主张一种寡头的人文主义。[22] 然而要讨论孔子"超越天道"的思想却不免陷入困难之中，[23] 首先我们必须面对子贡的证词，所谓"夫子之言性与天道，不可得而闻也"（《论语·公冶长第五》）。孔子极少谈"性"是不错的，他只说了一句"性相近也，习相远也"（《论

22　萨特提倡无神论的存在主义，所谓存在主义即人文主义，而主张"存在先于本质"。牟宗三先生曾加以驳斥，参《道德的理想主义》，页115—134。
23　我曾长年为这一问题所困惑，最后终于得到突破，利用《论语》的资料即可以重构出孔子思想的"天人合一"之道。参拙作：《论孔子思想中隐涵的"天人合一"一贯之道》，收拙著：《儒家思想意涵之现代阐释论集》，页1—26。

语·阳货第十七》），还说了："唯上知与下愚不移。"（同上）这明显是指气质之性，要到孟子道性善，才有突破性的开拓，此处不赘。但《论语》多处言"天"，"天道"一词也出现了，怎么可以说是不可得而闻？那就必须做进一步的考察了。

对于传统鬼神以及天的信仰，孔子采取了十分不同的态度。先由前者说起，孔子说："敬鬼神而远之。"（《论语·雍也第六》）他根本不喜欢谈这一类东西，所谓"子不语怪、力、乱、神"（《论语·述而第七》），也拒绝由功利的观点与鬼神打交道：

> 季路问事鬼神。子曰："未能事人，焉能事鬼？""敢问死。"曰："未知生，焉知死？"（《论语·先进第十一》）

可见孔子倡导的是彻底现世主义的思想。但有趣的是，他并未否定鬼神的存在。他只说："非其鬼而祭之，谄也。见义不为，无勇也。"（《论语·为政第二》）可见孔子是以义为重。对于合乎礼义的祭祀，孔子是全副肯定的，这由一个小故事可以看得出来：

> 子贡欲去告朔之饩羊。子曰："赐也，尔爱其羊，我爱其礼。"（《论语·八佾第三》）

如前所述，儒家极重丧葬之礼，曾子曰："慎终追远，民德归厚矣。"（《论语·学而第一》）但曾子的说法并非只是基于功利的考虑。重视丧礼之所以能够收到这样的效果，恰是因为丧礼的设计乃本之于人心自然的归向。孔子重视祭祀。《论语》谓：

> 祭如在，祭神如神在。子曰："吾不与祭，如不祭。"（《论语·八佾第三》）

这是最令人困扰也最有意趣的几句话。细味语脉，文中三个"如"字意味深长。第一句指祭祖，第二句明言祭神，孔子虽没有肯定祖先神灵的存在，但在祭祀时却的确有祖先神灵宛若亲临的感应；而第三句话是说，自己未亲身参与祭祀，诚意不在，也就缺乏这样的感应，如同没有祭祀一样。[24] 人或诟病孔子破除迷信不够彻底，其实即使科学昌明，天地间还是有太多超乎吾人理解之事，不可迷信其必有，也不可断定其必无，还有待进一步证据的搜求与理论的探索；这就反显出孔子所持乃是一种更开放合理的态度。

---

24 《中庸》第十六章，孔子曰："鬼神之为德，其盛矣乎！视之而弗见，听之而弗闻，体物而不可遗。使天下之人齐明盛服，以承祭祀。洋洋乎！如在其上，如在其左右。诗曰：'神之格思，不可度思！矧可射思！'夫微之显，诚之不可掩如此夫！"无论这是不是孔子本人说的话，的确是同一思路进一步的发挥。文中也有两个"如"字，更标举出"诚"之不可掩，真有画龙点睛的作用，可以一志。

表面上看，孔子的"天"也可以理解成为"人格神"，人们惯常引用来证明这一点的资料有下面几条：

> 子见南子，子路不说，夫子矢之曰："予所否者，天厌之！天厌之！"（《论语·雍也第六》）
>
> 子曰："天生德于予，桓其如予何？"（《论语·述而第七》）
>
> 子畏于匡。曰："文王既没，文不在兹乎？天之将丧斯文也，后死者不得与于斯文也；天之未丧斯文也，匡人其如予何？"（《论语·子罕第九》）
>
> 颜渊死。子曰："噫！天丧予！天丧予！"（《论语·先进第十一》）[25]

有学者以此认为，孔子因袭了传统以天为人格神的信仰。这样的解释当然是可以容许的。但我必须指出，这些都是孔子在情感激越时发出的誓语、担承与感叹。并没有任何证据显示，天会行《新旧约》所记载的奇迹，也没有让我们感到人的诉愿改变了什么。这由颜渊之死便可以看得出来，《论语》中记载：

_____

25 其实孔子所崇拜的"天"与传统所崇信的鬼神根本不在同一个层次上，这由下列引文可以看得明白："王孙贾问曰：'与其媚于奥，宁媚于灶，何谓也？'子曰：'不然，获罪于天，无所祷也。'"（《论语·八佾第三》）天不是可以讨价还价的对象，与传统的鬼神，包括有性向偏好的人格神在内，大异其趣，事至显然。

子畏于匡，颜渊后。子曰："吾以女为死矣。"曰："子在，回何敢死？"（《论语·先进第十一》）

哀公问："弟子孰为好学？"孔子曰："有颜回者好学，不迁怒，不贰过。不幸短命死矣！今也则亡，未闻好学者也。"（《论语·雍也第六》）

前一条颜渊说出了他心中主观的感受，但这不能改变他短命而死的客观事实。而孔子虽有"天丧予"的感觉，还是不能不接受这样的命运。人的生命有限，而天道默运，自有其规律，不是我们人可以左右的。此所以孔子要到五十岁那样成熟的年龄才"知天命"，既知宋儒所谓理命，也知其所谓气命。

正因为孔子的天不显意志，他的体证乃走向了一个不同的方向，而所谓"无言之教"正是孔子彻底突破传统的新观念。《论语》中记载：

子曰："予欲无言。"子贡曰："子如不言，则小子何述焉？"子曰："天何言哉？四时行焉，百物生焉，天何言哉？"（《论语·阳货第十七》）

天在这里已完全没有人格神的特征，但却又不可以把天道化约成为自然运行的规律。孔子一生对天敬畏，保持了对天的"超越"性格的崇敬。他对比君子与小人，乃谓：

君子有三畏：畏天命，畏大人，畏圣人之言。小人不知天命而不畏也，狎大人，侮圣人之言。(《论语·季氏第十六》)

小人怕的是上天的震怒，爱的是上天的眷顾，故多避祸祈福的举动，对默运的天道不只没有感应，而且加以排斥。但孔子把整个情况加以扭转。对他而言，天是无时无刻不以默运的方式在宇宙之中不断创造的精神力量，也正是一切存在价值的终极根源。有学者怀疑"无言之教"这一条的真实性，因为《论语》最后几章的资料不尽可靠，而这是一条孤证，怀疑它是后儒写入的资料。我以往也一直未能祛除心中的怀疑，后来才明白这样的怀疑是没有必要的。原因是我们一直寄望在《论语》之中找到有关生生不已天道的佐证，以至走入了死胡同。其实换一个视域，立刻柳暗花明。孔子"无言之教"明白地以天为则，由这一条线索去追索，就会发现这根本是孔子一贯的思路，到处都是佐证，不存在孤证的问题。譬如：

子曰："大哉尧之为君也！巍巍乎！唯天为大，唯尧则之。荡荡乎！民无能名焉。巍巍夫！其有成功也；焕乎，其有文章。"(《论语·泰伯第八》)

朱熹编的《近思录》卷二一开始就引周濂溪曰："圣希

天，贤希圣，士希贤。"尧这样的圣王以天为则，天的伟大根本就没有语言可以形容，故不可得而闻。而孔子以尧舜的"无为而治"为则，天下大治，同样没有语言可以描写。如前所述，孔子本人虽从不以圣与仁自居，而称赞他的人说"大哉孔子！博学而无所成名"（《论语·子罕第九》），还是同一样的道理。由此可见，孔子所相信的道理由天到人，由己及他，只是一个道理。这才是对他的"一贯之道"的全副的理解。而他以身教出之，所谓"不怨天，不尤人，下学而上达，知我者其天乎"（《论语·宪问第十四》）。《论语》最后终结于"不知命无以为君子也。不知礼无以立也。不知言无以知人也"（《论语·尧曰第二十》）。不亦宜乎！

由于孔子是中国文化有象征性的人物，以上我们用了不少篇幅阐发他的思想纲领，兼顾"仁内礼外"与"天人合一"的一贯之道。思想的基础既立，有了源头活水，自然而然引发后学，有进一步的发展。下面我们依序讲孟、荀、《大学》、《中庸》与《易传》。

孟子与荀子

孟子（前372—前289）名轲，邹人。《史记》谓他受学于子思之门人。他也和孔子一样，曾周游列国，未获见用。退而课徒著书，有《孟子》七篇传世，这也正是我们讲他的思想的主要依据。牟宗三先生曾说，孟子的思想纲领是"仁义内在，性由心显"，大体得之。孟子常以对辩的方式阐发自己的思想，自谓不得已而好辩（参《孟子·滕文公下》）。孔子的思想含弘光大，不显圭角，孟子却显精彩。陆象山对这种情况的理解是："夫子以仁发明斯道，其言浑无罅缝，孟子十字打开，更无隐遁，盖时不同也。"（《语录》，《陆象山全集》卷三十四）由儒家思想发展的脉络来看，是有相当道理的。

孟子的一个主要论敌是告子，他的许多论旨是通过与告子的论辩而显发出来的。孟子的心性论恰是这样的一项重要的成果。告子主张"生之谓性"，所谓"食色性也"，主张"性无善无不善"（《孟子·告子上》）。我们现在知道，告子对"性"的理解其实就是古代传统对性的理解。在古代"生"字和"性"字可以互用。人生下来就有的食色之性的确可以说是无善无不善，告子的立场不为无理。《孟子·告子上》有关性的四折辩论，[26] 前两折辩性犹杞柳，性犹湍水，都是诉之于类比，彼此取义不同，并没有任何决定性。第三个论辩值得我们重加检验：

告子曰："生之谓性。"孟子曰："生之谓性也，犹白之谓白与？"曰："然。""白羽之白也，犹白雪之白；白雪之白，犹白玉之白与？"曰："然。""然则

---

26 有关这些论辩比较详细的分析，参拙作：《孟子心性论的再反思》，同本部分注16。

犬之性，犹牛之性；牛之性，犹人之性与？"（《孟子·告子上》）

　　表面上看，孟子成功地将告子归谬，其实不然。基本上还是两种不同思路的对比。对告子来说，犬之生、牛之生、人之生都有生物生命的共性，都是食色性也，并没有什么根本的差别。他没有什么理由需要提出异议。但孟子却提出了与传统迥异的新看法，他的用心在于要找到人、禽不同的殊性，始可以称之为人之性。他对"性"的理解层次与告子完全不同。光由生物生命来看，绝对无法把握与犬、牛不同的特殊人性。故"生之谓性"的公式对他来说一点也没有用，必对"性"的理解有了这样根本的转变，归谬才能成立。也只有提升到人的特殊性这一层次才可以"道性善"。这似乎是过去的解释家所未曾充分认识的一种情况。最后一折论辩孟子驳斥告子"仁内义外"的说法，而坚持"仁义内在"。孟子还是在迹上辩。其实真正的症结在于，孟子认为仁义属性，这是指不同于禽兽的特殊人性，绝非外铄。既然把握到这样的性，故孟子谓，不可以像告子那样说，性无善无不善，也不可以像其他人那样说，性可以为善，可以为不善。他自己的结论是："乃若其情，则可以为善矣，乃所谓善也。若夫为不善，非才之罪也。"（《孟子·告子上》）这是前所未有的突破。情指"情实"。也就是说，若照着人的特殊情状去做，自可以为善，而人在事实上为不善，不能赖在所禀赋的才上面。而孟子言情、才，就明白地显示，善不只存在于彼岸，实内在于我们的生命之中。有了这样的心性禀赋，故求则得之，舍则失之。性善乃专就禀赋说，与人在现实上行为的善恶并不相干。此所以孟子才会用"牛山濯濯"那样生动活泼的例子来阐明心性论的效果。

孟子的性善论肯定了内在于吾人的生命中超越的禀赋，为吾人行善或向善的根据。吾人是否真能发挥这样的禀赋，则存乎其人，故不能不努力做修养工夫。孔子倡为己之学，早已十分注重修养工夫。孟子既标举出不忍人之心，做工夫就更有具体入手的途径。孟子在这方面的贡献是众所周知的，有关存夜气、不动心、知言、养气的论述早就汗牛充栋，无须我来饶舌。[27] 这里需要进一步阐明的是天与人之间的关联：

> 公都子问曰："钧是人也，或为大人，或为小人，何也？"孟子曰："从其大体为大人，从其小体为小人。"曰："钧是人也，或从其大体，或从其小体，何也？"曰："耳目之官不思而蔽于物，物交物则引之而已矣。心之官则思。思则得之，不思则不得也。此天之所与我者，先立乎其大者，则其小者弗能夺也。此

---

27 参黄俊杰：《孟学思想史论》（台北：东大图书公司，1991）。

为大人而已矣。"(《孟子·告子上》)

对于孟子而言，不只有人禽之别，还有大人与小人的分别。但人与人的分别不在禀赋上，乃在官能运用的选择上。一般人与禽兽相去不远，主要是用耳目之官，注意力在外面，每易为物诱。但有修养工夫的人却善用心之官，不逐物转，通过反思，上通于天，建立主宰，乃能迈越群伦，成为大人。

孟子的意思很明白，人之所以能够上达，终极的根源在超越的天。他说：

> 尽其心者，知其性也，知其性，则知天矣。存其心，养其性，所以事天也。夭寿不贰，修身以俟之，所以立命也。(《孟子·尽心上》)

这是孟子关于"天"所作的最重要的陈述。[28] 我们所以能够知天，正因为我们生命的根源来自上天的禀赋。但天意也有不可测的面相，此所以我们必须接受我们的命限，

28　或谓孟子言性与天道在书中只占很少篇幅，不像后世夸大的那么重要。这是缺少识见的说法。话不在多，在其突破性。孟子之言性与天道确实迈越千古，要到千载之后宋儒才能体证到其在哲学上的重要性。天绝不只是苍苍者天，乃是存在与价值的根源，故有超越性。显然孟子以及宋明诸大儒均无意空谈心性，末流才有斯弊。正是由于来自超越的天给予禀赋，人才得以修心养性，秉承天意，价值体现在人间。也正因为中国传统对于超越形而上的体证不离日用常行，所以才是一种"内在超越"的形态，参本部分注13。

努力不懈，自强不息，内在才不会感受到任何遗憾。孟子说："诚者，天之道也，思诚者，人之道也。"（《孟子·离娄上》）天之道真实无妄，人之道以天为楷模，努力做到真实无妄的理想。他又说："万物皆备于我矣。反身而诚，乐莫大焉。"（《孟子·尽心上》）这句话被解释成为某种神秘主义的思想。[29] 其实孟子无意教人去追求一种超乎日用常行的神秘。恰相反，他所体现的乃是人人可以体现的光天化日之下的神秘。如果能够充分体现到自己的性分，自然不假外求，这不是苦行主义（asceticism）的修行，而是充满了乐感的修行。[30] 有了这种觉悟的人决不能只是独善其身。孟子引伊尹曰："天之生此民也，使先知觉后知，使先觉觉后觉也。予，天民之先觉者也，予将以斯道觉斯民也。非予觉之，而谁也？"并发议论说："思天下之民匹夫匹妇有不被尧舜之泽者，若己推而内之沟中。其自任以天下之重如此，故就汤而说之以伐夏救民。"（《孟子·万章上》）由此可以清楚地看到孟子"内圣外王"的理想。[31] 但这样的理想能够实现多少却不是人可以控制的。连圣王的成就都有巨大的差别，所谓"尧舜，性者也；汤武，反之也"

29　冯友兰：《中国哲学史》（香港：三联书店，二册，香港第一版，1982），上册，页 126—128。

30　泰州派的王艮作"乐学歌"，特别强调孟学的这一面相，当代强调中国传统的乐感文化是李泽厚，参所著：《中国古代思想史论》（北京：人民出版社，1986），页 306—316。

31　"内圣外王"一词出自《庄子·天下篇》，但更适合描述儒家的理想。

（《孟子·尽心下》）。依孟子的了解，舜、禹、益相去久远，其子之贤不肖，皆天也，非人之所能为也。莫之为而为者，天也；莫之致而至者，命也。匹夫而有天下者，德必若舜、禹，而又有天子荐之者，故仲尼不有天下。继世以有天下，天之所废，必若桀、纣者也，故益、伊尹、周公不有天下。……孔子曰："唐虞禅，夏后、殷、周继，其义一也。"（《孟子·万章上》）

孟子笃信天意，但他和孔子一样，也谓："天不言，以行与事示之而已矣。"并引《太誓》曰："'天视自我民视，天听自我民听'，此之谓也。"（《孟子·万章上》）在这样的情形之下，人将何以自处？他提出了性命对扬的说法，可以发人深省。他说：

口之于味也，目之于色也，耳之于声也，鼻之于臭也，四肢之于安佚也，性也，有命焉，君子不谓性也。仁之于父子也，义之于君臣也，礼之于宾主也，知之于贤者也，圣人之于天道也，命也，有性焉，君子不谓命也。（《孟子·尽心下》）

这一段话似乎费解，但孟子的理路是一贯的。就口目耳鼻、味色声臭而言，固然可以依照"生之谓性"的理解将之当作性，但君子却把现在能不能得到这一类的享受当作命，不必加以深究。但父子、君臣的关系，如瞽瞍之厌恶舜，象之不弟，固然也可以说有命的成分。但父慈子孝是性分中应发展出来的德性，所以不能一切委之于命，必须努力把不理想的现实改变过来。顺着这条理路，孟子又有天爵、人爵的分别。他说：

> 有天爵者，有人爵者。仁义忠信，乐善不倦，此天爵也；公卿大夫，此人爵也。古之人修其天爵，而人爵从之。今之人修其天爵，以要人爵；既得人爵，而弃其天爵，则惑之甚者也，终亦必亡而已矣。(《孟子·告子上》)

简单地说，天爵是发扬性分中本有的东西，故是正道。人爵是外在的东西，将之作为追求的目标，就不免收到负面的效果。这恰恰印证了西方所谓"享乐主义的吊诡"（the hedonist paradox）：越去追求享乐，得到的却是更多的痛苦。而孟子这样的理想主义者有强烈的信念，顺着正道而行，自然而然有正面的效果。他说：

> 可欲之谓善，有诸己之谓信，充实之谓美，充实而有光辉之谓大，大而化之之谓圣，圣而不可知之之谓神。(《孟子·尽心下》)

境界不断提升，终必可以向往圣、神的理想。他又说："形色，天性也；惟圣人然后可以践形。"(《孟子·尽心上》)他这么看重形色，可见他没有割裂身心。把他的思想解释成为片面强调主观的心灵，是缺乏根据的。由心性的自觉切入，孟子的终极关怀是明白的。他说：

> 广土众民，君子欲之，所乐不存焉；中天下而立，定四海之民，君子乐之，所性不存焉。君子所性，虽大行不加焉，虽穷居不损焉，分定故也。君子所性，仁义礼智根于心，其生色也睟然，见于面，盎于背，施于四体，四体不言而喻。(《孟子·尽心上》)

而君子的作为不可能没有广泛的影响。孟子说：

> 民日迁善而不知为之者。夫君子所过者化，所存者神，上下与天地同流，岂曰小补之哉!(《孟子·尽心上》)

对孟子而言，己他、天人都没有隔阂，必定有巨大的感应。他有信心，五百年必有王者兴，所谓"由尧舜至于汤，五百有余岁，……由文王至于孔子，五百有余岁"(《孟子·尽心下》)，故此他把道担在身上：

> 我亦欲正人心，息邪说，距诐行，放淫辞，以承

三圣者；岂好辩哉？予不得已也。能言距杨墨者，圣人之徒也。(《孟子·滕文公下》)

他也和孔子一样，栖栖惶惶，周游列国，终不见用，退而著书，留下了一份宝贵的精神遗产给后世。

荀子（约公元前298—前238）名况，亦作孙卿，赵人，是继孟子而起的儒学大师。《史记》谓之齐襄王时"最为老师"，三为祭酒。又说春申君以为兰陵令；李斯曾为弟子。刘向《孙卿新书叙录》则谓其善为诗礼易春秋。牟宗三先生说："乾卦表示创造原则，坤卦表示保聚原则。……创造不能光创造，要有凝聚，有凝聚，万物才成其为万物。……现实人生一定要取法于坤道，不取法于坤道，你不能开发，也不能有所完成。……儒家讲实践都在坤元里。所以我说：'闻道尊孟轲，为学法荀卿。'孟子跟荀子就是一个是乾元，一个是坤元。……上帝不需要为学，'尧舜性之也'也不需要为学。'汤武反之也'需要为学，我们平常人统统是'汤武反之也'。学有从理性上学，有从经验上学。荀子、朱夫子重视道问学，大体是从经验上说的。也有从理性上说的学，都要学，不学不成。"[32] 牟先生晚年（1991年）讲的这一番话透显了很深的智慧。我一向取儒家正统为孟子的观点，对荀子的重视不足，近年受到海外

32　牟宗三：《四因说演讲录》(台北：鹅湖出版社，1997)，页40—41。此书现收入全集第三十一册。

的冲击，也感觉到应该适度地调整过来。[33]

孔子之后，孟子顺承孔子之仁而发挥，开出心性之学在内圣方面的义理规模，荀子则顺承孔子外王礼宪之绪，彰显礼义之统。[34]荀子学术精神的方向可以用"隆礼义而杀诗书"（《荀子·儒效篇》）这句话来代表，他不满孟子敦诗书而立性善的方向。荀子立论，每故意和孟子唱反调，攻击思孟"略法先王而不知其统"（《荀子·非十二子篇》）。荀子主自然主义的天论，所谓"天行有常，不为尧存，不为桀亡。应之以治则吉，应之以乱则凶。……明于天人之分，则可谓至人矣"。故"大天而思之，孰与物畜而制之！从天而颂之，孰与制天命而用之"（《天论篇》）。这样孔孟所体现"天"的超越义，在荀子就完全失落了。所谓"天生人成"，把重点完全转移到人的身上。[35]

荀子的性论开宗明义便说："人之性恶，其善者，伪也。"他论"性""伪"之别云：

---

33 美国由二十世纪七十年代芬格莱特开始，安乐哲、郝大卫，以至波士顿儒家如南乐山、白诗朗都隆礼，参本部分注 14。当然我们在今日不再对立礼与仁，而在二者之间觅取适当的平衡。

34 蔡仁厚：《孔孟荀哲学》（台北：台湾学生书局，1984），顺承牟宗三先生的思路而有进一步的铺陈与发挥，读者可以参看。

35 《富国篇》云："天地生之，圣人成之。"《王制篇》有更进一步的说明："天地者，生之始也。礼义者，治之始也。君子者，礼之始也。为之，贯之，积重之，致好之者，君子之始也。故天地生君子，君子理天地；君子者，天地之参也，万物之总也，民之父母也。无君子，则天地不理，礼义不统，上无君师，下无父子，夫是之谓至乱。"他所抱持的是"自然世界为人文世界所主宰"的思想。

凡性者，天之就也，不可学，不可事；礼义者，圣人之所生也，人之所学而能，所事而成者也。不可学、不可事而在人者谓之性。可学而能、可事而成之在人者谓之伪。是性、伪之分也。(《荀子·性恶篇》)

荀子虽每引孟子之言加以驳斥，其实两方面并无交集。就某方面说，他是回到告子"生之谓性"的老传统，并未了解孟子说的是分辨人禽之别的本性方可以道性善。荀子所强调的是"化性起伪"，其实他和孟子一样认为人有巨大的能动性。但他所推崇的圣人不仅只是尧舜，而更是大禹。他说：

"涂之人可以为禹。"曷谓也？……今使涂之人……积善而不息，则通于神明，参于天地矣。故圣人者，人之所积而致矣。……故涂之人可以为禹，则然；涂之人能为禹，则未必然也。虽不能为禹，无害可以为禹。……然则能不能之与可不可，其不同远矣。(《荀子·性恶篇》)

由此可见，荀子重视的是通过奋勉努力以后的实践与成就。但人性恶而可以为善，其关键在"心"。而荀子所仰赖的不是孟子的仁心，乃是智心。人的毛病在有许多障蔽，荀子说：

凡人之患，蔽于一曲而暗于大理。……夫道者，体常而尽变，一隅不足以举之。曲知之人，观于道之一隅而未之能识也，……孔子仁知且不蔽，故学乱术，足以为先王者也。(《荀子·解蔽篇》)

人怎么样把握道呢？荀子的答案是：

心知道，然后可道。可道，然后能守道以禁非道。……人何以知道？曰：心。心何以知？曰：虚壹而静。心未尝不臧也，然而有所谓虚。心未尝不满也，然而有所谓壹。心未尝不动也，然而有所谓静。……虚壹而静，谓之大清明。万物莫形而不见，莫见而不论，莫论而失位。坐于室而见四海，处于今而论久远，疏观万物而知其情，参稽治乱而通其度，经纬天地而材官万物，制割大理而宇宙里矣。……心者，形之君也，而神明之主也。……危微之机，惟明君子而后能知之。(《荀子·解蔽篇》)

显然荀子吸收了一些道家的睿识而为儒家所用。

荀子又主张正名。他说："故王者之制名，名定而实辨，道行而志通，则慎率民而一焉。"(《荀子·正名篇》)依荀子的看法，"名无固宜，约之以命，约定俗成谓之宜，异于约者谓之不宜。名无固实，约之以命实（王念孙云，实字衍），约定俗成，谓之实名。名有固善，径易而不拂，谓之善名。"（《荀子·正名篇》）荀子取经验主义的观点，名实之间并无本质的关联，但一旦通过"约定俗成"建立了一定的关系，就得保持一贯。《正名篇》告诫，不可惑于"用名乱名""用实乱名""用名乱实"。居势位之明君可以尽其分以化民而不必辩说，但乱世之君子则"必辩"。他说：

> 故明君知其分而不与辨也（辨同辩，下同）。夫民易一以道而不可与共故，故明君临之以势，道（导）之以道，申之以命，章之以论，禁之以刑。故民之化道也如神，辨势恶用矣哉？今圣王没，天下乱，奸言起，君子无势以临之，无刑以禁之，故辨说也。（《荀子·正名篇》）

荀子看重外在的权威与刑禁，故由他开启了法家的思想。但他本人对治奸邪之言，还是要阐扬正理，故曰：

> 君子必辩。小辩不如见端，见端不如本分（本分上原有见字，据王引之说删）。小辩而察，见端而明，本分而理。（《荀子·非相篇》）

又曰：

辩说也者，心之象道也。……心合于道，说合于心，辞合于说……辩异而不过，推类而不悖。听则合文，辩则尽故。(《荀子·正名篇》)

他的态度是"以仁心说，以学心听，以公心辩"(《荀子·正名篇》)，而谨守了儒家的立场。

荀子又特别重视"学"。《劝学篇》云：

学恶乎始，恶乎终？曰：其数（数，术也，程也），则始乎诵经（《诗》《书》），终乎读礼。其义，则始乎为士，终乎为圣人。真积力久则入，学至乎没而后止也。……故书者，政事之纪也。诗者，中声之所止也。礼者，法之大分，类之纲纪也。故学至乎礼而止矣。夫是之谓道德之极。

蔡仁厚发挥牟宗三先生的意思说："荀子以诚模笃实之心，表现明辨之理智，用智而重理，喜秩序，崇纲纪，因而特重客观之礼义，而亦深识礼宪之大。……法之大分从义方面说，类之纲纪则从统方面说，故荀子又喜言统类，礼义之统。"[36] 学的归结，依荀子说：

36　蔡仁厚：《孔孟荀哲学》，页454—455。

故学也者，固学止之也。恶乎止之？曰：止诸至足。曷谓至足？曰：圣也。圣也者，尽伦者也；王也者，尽制者也。两尽者，足以为天下极矣。故学者以圣王为师。(《荀子·解蔽篇》)

由于荀子失落了超越的天道，也不能把握人与生俱来的善性，朱子不把他包括在道统以内是有他的理由的。但荀子把儒家的理想落实到礼义之统，又有传经的功劳，可以说没有荀子的贡献，儒家在汉以后成为中国历史文化的正统是不可以想象的。当然由他转手出法家，教出韩非、李斯那样的学生，一点也不偶然，让中国历史文化的发展经过暴秦的曲折，他也不能不负上部分的责任，我们固不必为贤者讳，而应该对他有平情的理解与评估。

《大学》与《中庸》

《大学》与《中庸》是《小戴礼记》中的两篇，被宋儒提出来与《论语》《孟子》组成四书，朱子为之作集注。元代科举，由1313年开始即考朱熹《四书集注》，到清末1905年废科举为止，对中国士人造成了深远的影响。先由《大学》说起，《集注》首引程子曰：“《大学》，孔氏之遗书，而初学入德之门也。”于今可见古人为学次第者，独赖此篇之存，而《论》《孟》次之。学者必由是而学焉，则应乎其不差矣。

朱子并据程子之意，分为经一章、传十章，兹引经文一章如下：

大学之道，在明明德，在亲民，在止于至善。知止而后有定，定而后能静，静而后能安，安而后能虑，虑而后能得。物有本末，事有终始，知所先后，则近道矣。

古之欲明明德于天下者，先治其国；欲治其国者，先齐其家；欲齐其家者，先修其身；欲修其身者，先正其心；欲正其心者，先诚其意；欲诚其意者，先致其知；致知在格物。物格而后知至，知至而后意诚，意诚而后心正，心正而后身修，身修而后家齐，家齐而后国治，国治而后天下平。

自天子以至于庶人，壹是皆以修身为本，其本乱而末治者否矣。其所厚者薄，而其所薄者厚，未之有也。

朱注谓："右经一章，盖孔子之言，而曾子述之。其传十章，则曾子之意，而门人记之也。"由考据的观点看，朱子所言固未必是事实，但如今疑古的风尚过去，《大学》应该是先秦已完成的文献，把它当作儒家传留下来的典籍，应该不会有太大的差错。[37]

经文提出了所谓三纲领与八条目。三纲领为"明明德""亲民""止于至善"。朱注又依程子之意，据后面传文引《汤之盘铭》与《康诰》，将"亲民"改作"新民"。八条目是："格物""致知""诚意""正心""修身""齐家""治国""平天下"。用后儒内圣外王的说法，前五目为内，后三目为外，而内外兼顾，本末明辨。传五章释格物致知，朱子认为有阙文，乃作补传如下：

> 所谓致知在格物者，言欲致吾之知，在即物而穷其理也。盖人心之灵莫不有知，而天下之物莫不有理；惟于理有未穷，故其知有不尽也。是以大学始教，必使学者即凡天下之物，莫不因其已知之理而益穷之，以求至乎其极。至于用力之久，而一旦豁然贯通焉，则众物之表里精粗无不到，而吾心之全体大用无不明矣。此谓物格，此谓知之至也。

---

37 刘殿爵（D. C. Lau）教授曾说《大学》是杂家的文献，因为"定""静""安""虑""得"是来自道家的传统。我认为这种说法是错误的，因为儒、道二家有许多共法，如孔子称赞舜"无为而治"，不能说他追随道家，很明显地，儒家对"无为而治"的理解并不同于《老子》。同样，《大学》讲定、静、安、虑、得也是儒家的理解，不是道家的理解。冯友兰哲学史则因《大学》中用语多处与《荀子》（如《解蔽篇》）有相近处，乃倾向于把它当作荀学的文献。但"明明德"很清楚地肯定人有"明德"的内在根源，也并不背于孟学的精神。朱子乃据程子之意，泛指其为"孔氏之遗书"，如果不讲得太凿实，应该是可以接受的说法。

朱子继承伊川的睿识，把"格物穷理"发展成为一整套的说法，建构了程朱理学的正统，影响深远。依循这样的渐教的规模，按部就班，循序而进，似乎是一条平稳的途径。然而朱子未能充分正视北宋初张横渠便已做出的"见闻之知"与"德性之知"的分别。[38] 正因为他不能斩断外在知识的牵连，故鹅湖之会陆象山即讥其支离，而王阳明龙场顿悟乃明白"圣人之道，吾性自足，向之求理于事物者误也"（《年谱》37 岁）。以后阳明复《大学》古本，并不认为有阙文。最后乃讲"致良知"（《年谱》50 岁），这是他的最后定见。[39] 但王学又被质疑为转内遗外，尤其王门后学不免荡越，刘蕺山乃谓阳明"因病立方，时时权实互用，后人不得其解，未免转增离歧乎"。[40] 蕺山对《学》《庸》提出新解，建构了他的"诚意慎独"教，牟宗三先生以蕺山思想为"归显于密"，即"将〔阳明〕心学之显教归于慎独之密教是也"。[41]

由以上所说，可见对于《大学》的文本可以作不同的

38　参《正蒙·大心篇》："见闻之知乃物交而知，非德性所知。德性所知，不萌于见闻。"这是张载由孟子引申出来的说法。孟子曰："耳目之官不思而蔽于物，物交物则引之而已矣。心之官则思，思则得之，不思则不得也。此天之所与我者，先立乎其大者，则其小者弗能夺也。"（《孟子·告子上》）

39　参拙作：《论王阳明的最后定见》，收入《儒家思想意涵之现代阐释论集》。

40　见刘蕺山：《阳明传信录》《小引》，转引自拙著：《黄宗羲心学的定位》（台北：允晨文化公司，1986），页 34。

41　牟宗三：《从陆象山到刘蕺山》（台北：台湾学生书局，1979），页 453。此书现收入全集第八册。相关问题的进一步讨论，参拙作：《论王阳明的最后定见》，同本部分注 39。

阐释，我们无意在此对于这些不同的说法做出辨析，讨论其得失。我们只需指出，圣学的发展有了不同的分支，如朱学、王学、刘学对于古典采取了不同的阐释。故光只是回归古典，并不足以决定义理的纲维孰是孰非。当然我们不可以随便扭曲古典牵随己意，但诠释可以有不同的取向，却是一个不再可以忽视的十分重要的面相，只能依靠睿智的判断做出实存的抉择。

接着再讲《中庸》。朱子《集注》引程子曰："不偏之谓中，不易之谓庸。中者，天下之正道；庸者，天下之定理。"此篇乃孔门传授心法，子思恐其久而差也，故笔之于书，以授孟子。其书始言一理，中散为万事，末复合为一理，"放之则弥六合，卷之则退藏于密"，其味无穷，皆实学也。善读者玩索而有得焉，则终身用之，有不能尽者矣。

由考据的观点看，程子的说法并不能证实。而《小戴礼记》中之《中庸》，有"今天下车同轨，书同文，行同伦"之言（第二十八章），所说乃秦汉统一中国后之景象，故有人以此篇为汉代的作品。但如今疑古的风尚过去，后时代用语羼入古典，并不能证明《中庸》的原典不是先秦的文献。就思想的脉络来看，这篇东西是思孟学脉的作品应该是符合实际的判断。

《中庸》是儒家典籍中最富哲学意味的一篇，全文三十三章，兹先引第一章如下：

天命之谓性，率性之谓道，修道之谓教。道也者，不可须臾离也；可离，非道也。是故君子戒慎乎其所不睹，恐惧乎其所不闻。莫见乎隐，莫显乎微，故君子慎其独也。喜怒哀乐之未发谓之中，发而皆中节谓之和。中也者，天下之大本也；和也者，天下之达道也。致中和，天地位焉，万物育焉。[42]

《中庸》开宗明义的三句话，与《大学》的三纲领有异曲同工之妙。天禀赋给我们的是我们的性，顺着我们的本性去做就是道，而通过修养去充扩道乃是教。这是与孟学的精神完全符合的。紧接下来的讨论集中在工夫论。所谓"未发""已发""中和"，是宋明理学深入探讨的核心课题。

---

42 《中庸》在西方早就受到学者的注意，哲学家凯萨林（Count Hermann Keyserling），曾著《哲学家旅行记》。他于 1911 年开始环球旅行，一年以后归来，写下了脍炙人口的旅行日记。他抵达中国，正当清廷颠覆不久之后，举国混乱，他却能以强烈的直觉攫揭中国文化的本质，眼光确实高人一等。我曾译出《凯萨林论中国文化》的重要片段，刊于《儒学在世界论文集》（香港：东方人文学会，1969）。在"广州"，凯萨林注意到："中国没有统一的说话语言，……但是所有的中国人却用同样的文字符号，而可以互相传达。汉字的内在美不自觉地教育他们的趣味，……我特别羡慕这一个（文字）系统在心灵上的重要性。关于那超越一切可能表现形式的最真实的真实，形而上思想的对象，以及最深邃的宗教体验。这些东西根本没法子在我们的语言之内表达出来。可是它们却可以由中国文字而表现。……举一个例子来说，整个儒家义理可以用三个符号来表示：'致''中''和'。通过这，差不多四书中包含的一切都可以表达出来。"读者对凯萨林的观察有进一步的兴趣，可参拙作：《凯萨林论东方哲学智慧》，《东海学报》第四卷第一期（1962.6）。第一章另外可以注意的是，《中庸》也言"慎独"，与《大学》相呼应。刘宗周曰："《大学》言心到极至处，便是尽性之功，故其要归之慎独；《中庸》言性到极至处，只是尽心之功，故其要亦归之慎独。"（《子刘子学言》）二者适成一回环，转引自拙著：《黄宗羲心学的定位》，页 23—24。

譬如朱子苦参中和才终于找到自己成熟的思想。

就内容来看，《中庸》一篇似乎可以分为两个部分。上半由第二章到第二十章前半，讲中庸多言人事，下半由第二十章后半到第三十三章为止，则集中言诚，颇富形而上之意涵。[43]第二章引孔子曰：

> 君子中庸，小人反中庸。君子之中庸也，君子而时中；小人之反中庸也，小人而无忌惮也。

这与《论语》的说法是完全一致的。第十二章则曰：

> 君子之道费而隐。夫妇之愚可以与知焉；及其至也，虽圣人亦有所不知焉。夫妇之不肖可以能行焉；及其至也，虽圣人亦有所不能焉。天地之大也，人犹有憾。故君子语大，天下莫能载焉；语小，天下莫能破焉。《诗》云："鸢飞戾天，鱼跃于渊。"言其上下察也。君子之道，造端乎夫妇，及其至也，察乎天地。

43　冯友兰：《中国哲学史》便有这样的说法，上册，页340—347。徐复观先生有更深入的讨论与分疏，参所著：《中国人性论史·先秦篇》(台中：东海大学，1963)，第五章：《从命到性——〈中庸〉的性命思想》，页103—160。徐先生仍以《中庸》为一书，分为上下两个部分，上篇出于子思，下篇出于子思之门人，仍在孟子之前。郭店楚简出后，有更多不同的说法，但都倾向于把《中庸》当作早于孟子的作品。我们自不必介入这些考据的问题，掌握基本的义理纲维即可。

由此可见，此处言人事并未与天道相割离。后面第二十七章乃有进一步的发挥与呼应：

> 大哉圣人之道！洋洋乎发育万物，峻极于天。优优大哉！礼仪三百，威仪三千，待其人而后行。……故君子尊德性而道问学，致广大而尽精微，极高明而道中庸。

但《中庸》后半更集中在"诚"的体证与阐发，第二十章后半有曰：

> 诚者，天之道也；诚之者，人之道也。诚者，不勉而中，不思而得，从容中道，圣人也。诚之者，择善而固执之者也。博学之，审问之，慎思之，明辨之，笃行之。……果能此道矣，虽愚必明，虽柔必强。[44]

朱注"诚"者，"真实无妄"之谓，大体得之。天乃本然如此，人则要以天为楷模，往这个方向努力。这里所说

---

44 孟子亦言诚，思路与《中庸》完全一致，但没有像《中庸》一样予以充分的发挥。对于这样的现象，学者有两种不同的解释。有以《孟子》先于《中庸》，因为思想的发展乃由简单变得复杂。但也有以《中庸》先于孟子，因为孟子预设《中庸》，故无须多加着墨。二说均言之成理，持之有故。晚近的说法倾向于回归传统的说法，以《中庸》先于《孟子》。这不是我们的中心关注所在。我们只需承认一个明白的事实，思孟的思想线索的确一脉相连，此所以荀子即把思孟当作同一学脉看待，良有以也。

的"中道"显然是上半部思想的延续，也说明了"诚"是同一个"道"的不同表述，只是在下半部集中在这一面相有前所未有的淋漓尽致的发挥罢了！第二十一章曰："自诚明，谓之性；自明诚，谓之教。诚则明矣，明则诚矣。"这是对《中庸》首章的进一步疏解。第二十二章曰：

> 唯天下至诚，为能尽其性；能尽其性，则能尽人之性；能尽人之性，则能尽物之性；能尽物之性，则可以赞天地之化育；可以赞天地之化育，则可以与天地参矣。

《中庸》以天人感通，人与天地三，是伙伴参与的关系。这和孔子说"人能弘道，非道弘人"（《论语·卫灵公第十五》）是完全应和的。第二十三章又接着说：

> 其次致曲，曲能有诚。诚则形，形则著，著则明，明则动，动则变，变则化。唯天下至诚为能化。

依传统的解释，这是指次于圣人的贤人境界。但对现代人来说，这可能是对我们来说更值得重视的一个层面。牟宗三先生乃有"曲通"之说，从内圣之运用表现直接推不出科学、民主，从内圣到外王，在曲通之下，有一种转折上的突变，才能曲转出他所谓的架构表现。[45] 无论是否能够同意牟先生这种看法，《中庸》的智慧对于现代人也可以有重大的启发则是显而易见的。第二十五章曰：

> 诚者，自成也，而道，自道也。诚者，物之终始，不诚无物。是故君子诚之为贵。诚者，非自成己而已也，所以成物也。成己，仁也；成物，知也；性之德也，合外内之道也，故时措之宜也。

儒家的理想是通天人、合外内之道，这样的思想到《易传》又有进一步的发挥。

《易经》与《易传》

业师方东美先生尝说《易经》是一部奇书。[46] 它原来只不过是一卜筮之书，经过孔子与其后学的改造之后却变成了一部哲学宝典，可谓化腐朽为神奇。依东美师的说法：

45　参牟宗三：《政道与治道》（台北：台湾学生书局，增订新版，1980），页56。此书现收入全集第十册。

46　《易经》是世界的宝典。理雅各（James Legge）在十九世纪（1861—1872）把中国的古典译为英文。到二十世纪，卫礼贤（Richard Wilhelm）将《易经》译为德文，Cary F. Baynes的英译（1923）更成为长销书。卫德明（Hellmut Wilhelm）子承父业，进一步兴波助澜。他们的努力影响到心理学家如荣格（C. G. Jung），文学家如黑塞（Hermann Hesse），以及凯萨林等，对《易》与中国文化作出积极正面的评价，并不只是中国人才受到《易》的吸引。

诗大序曰："诗三体：赋、比、兴。"赋者，敷陈其事；比者，比物见意；兴者，兴会淋漓，化为象征妙用，而"言在于此，意寄于彼"。赋体多流行于叙事史诗；比体则常见诸寓言；兴体则尤风行于抒情诗词也。可谓一则用以敷陈事实；一则用以掩映意蕴；一则用以美化创造之幻想力。同理，用以解释《易经》形式逻辑系统结构之语言，也可谓之"易三体：赋、比、兴"，即事实描述之语言，隐喻意蕴之语言，与创造幻想力之语言，后者尤赖诸象征化妙用，使意义充分发挥而彰显。[47]

把诗三体用于《易》，真可谓神来之笔。东美师进一步说明，乃曰：

孔子及其后学乃发起一项哲学思想之革命运动，沿承易卦之符号系统而赋予种种人文主义之解释。为达到此目的，孔子势将《易经》原有之陈事文句化作一套义理文句。此项化赋体为比兴之巨任，即由孔子及其高弟商瞿（公元前 522 年生）共同肩起。嗣后，易书此部原属纪史之作，遂一变而为一套发挥易理之

47　方东美著，孙智燊译：《中国哲学之精神及其发展》（台北：成均出版社，上册，1984），页 142。

系统化哲学矣。[48]

　　东美师一向认为《论语》卑之无甚高论，不能反映孔子思想之全副意涵，他认为孔子思想的精粹应该见之于《易传》。这样的说法深具睿识，但在考据方面来说，却不免遭遇严重的困难。不只《易传》所谓十翼，如《序卦》《杂卦》肯定是后出的资料，即《彖》（上、下）、《系辞》（上、下）、《象》（上、下）、《说卦》、《文言》，也可能杂入道家与阴阳家的资料。所谓"子曰"，并不一定指孔子的言辞。那些是商瞿以降诸人的说法，就更无法查考了。更严重的是，在疑古成为风尚之际，有人甚至怀疑，孔子与《易》根本没有任何关系。《论语》涉及《易》仅有两处。"子曰：'加我数年，五十以学《易》，可以无大过矣。'"（《论语·述而第七》）还有一次他引述恒卦曰："南人有言曰：'人而无恒，不可以作巫医，善夫！不恒其德，或承之羞。'"（《论语·子路第十三》）这两条好像都有问题。《鲁论》有异文谓："加我数年，五十以学，亦可以无大过矣。"这样孔子就和《易》没有任何关系了。但改《易》为"亦"是说不通的，孔子曰"吾十有五而志于学"（《论语·为政第二》），何须等到"五十以学"。根据太史公的说法，孔子晚而喜《易》，有韦编三绝的故事。现在疑古的风尚过去，

48　同上注，页145。

咸信太史公看到许多资料，所说虽不完全正确，却有相当根据。尤其秦火并未焚《易》，而太史公列出授《易》的传承，由商瞿到杨何，再到司马谈父子，列经十代，从未断绝，恐怕无法一笔加以抹杀。或谓引恒卦为孤证，是羼入的资料。但如作伪，必大量引述以取信于人，孤零零的一条反而有更高的真实性。孔子引了恒卦之后曰："不占而已矣。"这种引《易》的方式与《左传》《国语》中孔子引《易》而后作出评论的方式是完全一致的。而《论语》中不多言《易》是可以解释的。因为《论语》是弟子的笔记，这一批弟子的关注不在《易》，则只有两处涉及《易》，也就不足为怪了。《易传》中必记录了不少孔子之言殆可断言，遗憾的是，在大多数情形下，我们无法分辨哪些是孔子本人及商瞿以降诸人的言论。但就义理而言，我们虽不必讳言《易传》杂了一些后起的资料，而且吸纳了一些道家与阴阳家的见解，但就整体而言，它无疑是一部儒家的典籍。总结来说，《易经》和《易传》本来是两部书。《易经》包括卦、爻辞，本是一卜筮之书，在周初整理成为一个六十四重卦的完整符号系统。然后不知为什么沉寂了数百年，到《左传》《国语》才又看到一些占筮记录的出现。但孔子往义理方面转向，引用古籍阐发义理的方式是一贯的。《易传》肯定是孔子及其后学共同完成的一部哲学宝典。当然对《易》的阐释远不止通行本收入的十翼，譬如帛书《易》，不只卦序与今本不同，其《易传》的内容更大不相同，里面有《系辞》，但没有《彖》《象》《文言》，而另有《二三子问》《易之义》《要》《缪和》《昭力》诸篇，里面也有一些重要的内容。这里只引《要》的一段，便可看到与我们当前的讨论有直接相干性：

> 夫子老而好《易》，居则在席，行则在囊。……子赣（贡）曰："夫子亦信其筮乎？"子曰："吾百占而七十当，唯周梁（梁）山之占也，亦必从其多者而已矣。"子曰："《易》，我后其祝卜矣，我观其德义耳也。"幽赞而不达乎数，明数而达乎德，又仁〔守〕者而义行之耳。赞而不达于数，则其为之巫；数而不达于德，则其为之史。史巫之筮，乡之而未也，好之而非也。后世之士疑丘者，或以《易》乎？吾求其德而已，吾与史巫同涂而殊归者也。君子德行焉求福，故祭祀而寡也；仁义焉求吉，故卜筮而希也。祝巫卜筮其后乎？[49]

我们自不知道在事实上有没有子贡和孔子之间的这一段对话。但这样的对话很符合我们所熟知的子贡和孔子的性格。孔子晚而喜《易》，乃引起了一些老学生如子贡的质

49　转引自廖名春：《帛书释要》，《中国文化》第十期（1994.8），页66。廖君以《要》是"摘要"的意思，故全篇无单一论旨。这里引帛书《要》第12行末到第18行的片段，子贡对于孔子有关《易》的质疑，是值得我们注意的极其珍贵的文献。

疑。孔子耐心地予以答复，说明自己的中心关注并非占筮，而是德义，故与史、巫同途而异归。这正好证明了孔子晚年的确有集中心力通过对《易》的阐发做出往义理转向的努力。其部分成果正如东美师所说，保存在通行本的《易传》之内。但在视域上，我和东美师也有一些差异。东美师强调《易传》与《论语》的不同取向，我则花了很多力气阐明《论语》之中其实隐含了一条"天人合一"一贯之道的线索，到《易传》才畅发出来，两方面体现的并非彼此对立，而是互相支援，彻底融贯的道理。

我从大学时代起就受《易》的吸引，读李鼎祚的集注，兼顾象数与义理。但我长年感到困惑，不知怎样能够把握到《周易》统一的中心论旨。后来我读卡西勒（Ernst Cassirer），才明白那样的追求乃是缘木求鱼。[50] 卡西勒发现，人类思想发展是由具体走往抽象；科学发展由"实质统一"（substantial unity）观走往"功能统一"（functional unity）观，分别由牛顿与爱因斯坦代表；再扩大到整个文化领域：神话、宗教、语言、艺术、历史、科学等不同的符号（文化）形式不可化约为同一题材，却都应用符号而展示了功能的统一性。这给予我重大的启发，把这样的睿识应用到《易经》，就明白不能将之化约成为同一题旨，在它发展

50　我由东美师处听到卡西勒的名字，读他的书，好而甘之，乃翻译了《论人》（*An Essay on Man*）（台中：东海大学，1959）。我的硕士论文写他的"符号形式哲学"（Philosophy of Symbolic Forms），后改写为《卡西勒的文化哲学观》，收入拙著：《文化哲学的试探》（台北：台湾学生书局，新版，1985；初版，志文出版社，1970）。

的过程中，出现了"神秘符示"（mystical symbolism）、"理性／自然符示"（rational/natural symbolism）、"宇宙符示"（cosmological symbolism）与"道德／形上符示"（moral/metaphysical symbolism）等四种不同的符示，却展示了功能统一性。[51]

《周易》最初无疑是一部卜筮之书。卜筮预设自然的"天"象与"人"事有某种神秘的关联，于是《周易》的最基层乃是一套神秘符示。《系辞》下有曰：

> 古者庖牺氏之王天下也，仰则观象于天，俯则观法于地，观鸟兽之文与地之宜，近取诸身，远取诸物，于是始作八卦，以通神明之德，以类万物之情。

这不免是过分理想化的说法。传统伏羲画卦之说虽不可信，却不是完全没有根据，如能给予适当的解释，也可

51　1974 年我在一篇英文论文中首先提出了这样的见解，Shu-hsien Liu, "The Use of Analogy in Traditional Chinese Philosophy", *Journal of Chinese Philosophy*, vol. 1, nos. 3 & 4（June/September, 1974），313-338。1987 年我在圣地亚哥发表国际中国哲学会的会长演说，就专讲《易经》中四个层面思想的功能统一性，论文后来发表，Shu-hsien Liu, "On the Functional Unity of the Four Dimensions of Thought in the Book of Changes", *Journal of Chinese Philosophy*, vol. 17, no. 3（September 1990），359-385。以后又改写成为我的英文书中论《易经》的一章。参 Liu, *Confucian Philosophy*, Ch. 5。中文方面，我有两篇专文，《由发展的观点看〈周易〉思想的神秘符示层面》（新加坡：东亚哲学研究所，1987）单行本，页 34 ;《〈周易〉思想的"理性／自然"符示》，《清华学报》新 18 卷第 2 期（1988.12），页 275—304。一般性的介绍见拙作 :《周易的功能统一观》，收入《哲学思考漫步》（台北：三民书局，1995），页179—223。

以帮助恢复古时的真相。庖牺（伏羲）是西南少数民族崇信的神。根据人类学家的研究，这些少数民族普遍流行以数占卜之俗。如四川凉山彝族的占卜方法"雷夫孜"，以数之奇偶占卜，有八种可能的排列组合。这种卜法与八卦的关系不可能只是完全的巧合。中国大陆发现周原卜骨的数字卦，说明在发展的过程中，可能"数"还先于"象"。阴阳的对偶，连带有关生殖器的联想，都是后起的增益。传统对于《易》的发展，有"历经三圣"的说法：上古，伏羲；中古，文王；近古，孔子。这虽不一定是史实，却是可以给予我们重大启发的一幅极富有象征意味的图像。八卦的数卜流行到周原，累积了大量的资料，到了殷周之际，重卦形成，才能应付比较复杂的情况。有人作了系统的编纂和整理，有了卦名和卦象，编定了卦序，也有了确定的卦辞和爻辞。传说这一重要的步骤乃完成于饱经忧患、被囚禁在羑里的文王。无论如何，在周初，《易经》已经编纂完成，里面的资料最迟没有后于康王的时代。然后到了春秋，孔子及其后学作了义理的阐发，才有了《易传》。秦火之际，《易》还只是占筮之书，故未被焚。战国时代，"六经"的观念渐渐形成。到了汉代，《易经》竟然变成了群经之首。从此它成为中国士人必读的典籍，两千多年来影响中国人的思维方式至深至巨，除了四书之外，没有其他典籍可以与之伦比。

六十四重卦系统形成，里面隐含了一个自圆一致的数理系统，这就是我所谓的理性符示。十七世纪，耶稣会教士把《易》介绍到欧洲去，哲学家莱布尼兹（Gottfried Wilhelm Leibniz）那时正在发展二元算学（binary arithmetic），却认为三千多年前的伏羲先发于他，莱氏的系统以阴为 0，阳为 1，六十四卦即可以二元算术之方式演出。[52] 而《易传》数象相连，并不是一个纯粹的数学符号系统，所以很容易让人联想到，如何利用这些数象去制器，并作种种的设施，以开拓人类的文明。《系辞》下说包牺氏始作八卦之后，就说他：

> 作结绳而为网罟，以佃以渔，盖取诸《离》。包牺氏没，神农氏作，斵木为耜，揉木为耒，耒耨之利，以教天下，盖取诸《益》。日中为市，致天下之民，聚天下之货，交易而退，各得其所，盖取诸《噬嗑》。神农氏没，黄帝、尧、舜氏作，……垂衣裳而天下治，盖取诸《乾》《坤》。刳木为舟，剡木为楫，舟楫之利，以济不通，致远以利天下，盖取诸《涣》。……上古结绳而治，后世圣人易之以书契，百官以治，万民以察，盖取诸《夬》。是故易者，象也。象也者，像也。彖者，材也。爻也者，效天下之动者也。是故吉凶生而悔吝著也。

---

52 参朱谦之：《中国哲学对于欧洲的影响》（福州：福建人民出版社，1983）。二元算术即当前电脑发展背后的基础。

我只举几个例就可以看到，《系辞》作者以古代圣王依卦象而有所发明，勾画了一幅中国上古文明演进过程的图画。这当然是理想化的成果而不足取信。但也不能完全否定上古依卦象而有所发明的可能性，这就是我所谓自然符示的层面。汉易企图把有关天象、人事的一切统统塞进同一个框架系统之内，当然不免牵强附会。总之，汉易有一个神秘的要素，也有一个合理、要求系统化的要素。比起纯哲学的反省来说，可以说是一种堕落。但是这一套东西在当时兴起而流行，是基于那个时代实际需要的结果，特别是政治方面的要求，扮演了一个重要的角色，也多少反映了那个时代科学的水平。

　　我们分析十翼的内容，可以发现里面包含了两个不同的指向：一是追随孔子的方法，根本不问《周易》的原义，只是借题发挥，讲一些道德、哲学的道理；一是继承了古代神秘的思想，与阴阳家的说法合流，讲阴阳、五行、干支一类的东西，发展了一套宇宙论与人事论的体系。两条线索纠缠在一起，但在性格上还是有明显的差别。走第一条路线，乃如王弼之扫除象数，程伊川继之，也只言义理，但把视域由道家转归儒家。朱子则部分遵从邵康节，兼收象数与义理。以下转由义理的视域入手，又可以找到两个不同而互相关联的层面：宇宙符示与道德／形上符示。

　　正如东美师所指出的，通过比兴，《易传》把一部卜筮书化腐朽为神奇，成为一部哲学宝典，衍发了一套天道与人道相感应、"生生"（creative creativity）而"和谐"（comprehensive harmony）的世界观与人生观。东美师将他的论旨发挥得淋漓尽致，其要义可析为四方面加以缕述：[53]

（一）高揭一部万有含生之新自然观。自然本身即是大生机，创造前进，生生不已。此种生机论具载于《象》《系辞》与《说卦》之前面的部分。

（二）提倡一种性善论之人性观。以"尽善尽美，美善合一"为人格发展之极致，而实现此一最高理想，唯人为能。此义具载于《文言》，尤系统发挥于《象》。

（三）发挥一部价值总论。将流衍于全宇宙中之诸相对性差别价值，使之含章定位，一一统摄于"至善"。此《系辞》之主旨也，为《易》全书总纲及其主脑所在。

（四）完成一套价值中心之本体论。以个人之创造性为基础，藉求圆成人性，齐升宇宙万般生命，止于至善。肯定性体实有，盎然充满，弥贯天地，彻上彻下，莫非价值。堪称代表儒家哲学之最高巅峰成就，具见《易经》。

东美师颂扬原始儒家，将这一切哲学睿识均归之于孔子，在考据上不免会引起质疑，但把蕴含在古典之内的奥义阐发出来，则功不可没。依他的了解，大化流衍，时间之本质在于变易。"易，穷则变，变则通，通则久"。（《系辞》下）时间创进不息，生生不已，挟万物而一体俱化，

53　参方东美：《中国哲学之精神及其发展》，页145—147。

复"统之有宗，会之有元"，是谓宇宙化育过程中之理性秩序。逝者未去，而继者已至，连绵无已，发用显体，达乎永恒。《易经》哲学，合计约含四大原理：

（一）性之理（即生之理）

（二）旁通之理

（三）化育之理

（四）创造生命即价值实现历程之理 [54]

其总纲具见《系辞》，此处只需引最具关键性的一段，就可以清楚地看到这一哲学的指向。

> 一阴一阳之谓道。继之者，善也；成之者，性也。仁者见之谓之仁，知者见之谓之知，百姓日用而不知，故君子之道鲜矣。显诸仁，藏诸用，鼓万物而不与圣人同忧。盛德大业至矣哉！富有之谓大业；日新之谓盛德。生生之谓易，成象之谓乾，效法之谓坤，极数知来之谓占，通变之谓事，阴阳不测之谓神。夫易广矣大矣，以言乎远则不御，以言乎迩则静而止，以言乎天地之间则备矣。夫乾，其静也专，其动也直，是以大生焉。夫坤，其静也翕，其动也辟，是以广生焉。广大配天地，变通配四时，阴阳之义配日月，易简之善配至德。子曰：《易》，其至矣乎！（《系辞》上）

54　参方东美：《中国哲学之精神及其发展》，页147—155。

由开始的三句话就可以看到，《系辞》的主调是儒家，不可能是道家。"一阴一阳"所凸显的是动态，在力动的过程之中，广大和谐充满生机的价值世界得以实现。阴阳固然是战国时代才发展出来的后起的观念，但《易传》所言已突破了阴阳家如邹衍的思想的规模。而中国传统并没有在思想、存在、价值之间划分明显的界限。[55]《系辞》这一段话兼有认识论、存在论与价值论的意涵。受到诠释学（hermeneutics）的启发，我的解读是，仁的世界对仁者开显，智的世界对智者开显，百姓虽说不出一套东西，但在日用常行之中，体现了他们的存在与价值。由"生生"，可以把握到易的深义，通过乾坤、阴阳、动静、翕辟，可以建构出成套的形而上学与宇宙观。而万变不离其宗，终于在"易简"之中把握至道。由"变易""不易"的辩证关系之中体现到易道之周普，这才是"周易"更深的含义，不只是周朝的易而已！

　　正因为天人是一回环，可以由天到人，也可以由人到天。希腊哲学的发展是由宇宙论到人事论，不可逆转。但天人感应从来就是《易》的主调，难分彼此。"古贤有云：顺之则生天生地，逆之则成圣成贤。"[56]《易》一般由天讲到

55　参 Shu-hsien Liu, "An Integral Understanding of Knowledge and Value: A Confucian Perspective", *Journal of Chinese Philosophy*, vol. 30, nos., 3 & 4（Sept/Dec., 2003），387–401。

56　引自牟宗三：《认识心之批判》（香港：友联出版社，二册，1956），上册，《序言》，页2。此书现收入全集第十八册。

人，故《易传》包含有丰富的宇宙符示。但这并不是唯一可能的途径。程伊川有一种很特别的说法最能发人深省：

> 杨子曰："观乎天地，则见圣人。"伊川曰："不然，观乎圣人，则见天地。"[57]

杨子所说并不能算错，何以伊川不加首肯呢？原因在由外部观天地，风云变色，言人人殊，未必能够把握到天人一贯的道理。照传统的说法，要伏羲那样的圣人去观天地，才能画卦，还要文王重卦，孔子作十翼，《易》的全副的道理才能展现出来。其实伊川这种说法与《论语》孔子所谓"人能弘道，非道弘人"（《卫灵公第十五》）是完全一致的。超越客观的天道必待人，特别是为民表率的圣人，才能阐发出来。而见仁见智，还是有待于人的感应，才能开显出广大生生而和谐的价值世界。故超越的天道必内在于人，才能够真正鞭辟入里，有了前所未有的深度，这样才进入到道德／形上符示的层面。故前引《系辞》上的一段紧接着说：

> 圣人所以崇德而广业也。知崇礼卑，崇效天，卑法地。天地设位，而易行乎其中矣。成性存存，道义

---

57 《河南程氏外书》（四部备要本）第十一，《时氏本拾遗》，页 3 后。

之门。

由此可以体现到天地人三才之义，在芸芸万物之中，只有人能够提升到自觉的层面、效法天地的境界，把生生而和谐的潜能全副阐发出来。这就与《中庸》首章所说完全连贯起来。北宋初把《易》《庸》合在一起讲，绝不是一个偶然的现象。这里需要指明的是，所谓"道德的形上学"乃指广义的生生之德，不是指狭义的人禽之辨之德。吊诡的是，只有超越禽兽的层次，人能通过自觉，奋勉以求放失的本心，做到孟子所谓"思则得之"，才能深切体现生生之德，所谓"反身而诚，乐莫大焉"，把人生提升到一个充实而崇高的境界。

当然现实人生未必能够接上这样的境界，此所以孔孟周游列国未能见用，只能接受退而著书、课徒的命运。而阴阳、五行的观念，从战国时代的阴阳家邹衍提出来，就另有一种倾向，将之组织成为一个涵盖天文地理、医卜星相无所不包的大系统。汉代的杂家发展了一套阴阳五行的自然观、五德终始的历史观，在现实政治上发生了巨大的影响力。这样造就了一个伪似科学的系统。汉代政治化的儒家建造了一个亘古未有的伟大的文明，吸纳了阴阳五行图式思想，两千年来影响了我们民族的思维方式。到了现代，乃必须与之解构，才能脱胎换骨，接上现代西方科学的思维方式。

现在我们明白，《周易》无法化约成为一个单一的题材。在它里面，我们可以找到四种不同的符示。但我们仍然忍不住要问，能不能在这部书中找到通贯的线索呢？由卡西勒文化哲学那里得到启示，我们不去找"实质的统一性"，转而寻求"功能的统一性"，那么就会透露解决问题的曙光了。依我之见，这个通贯的线索仍在中国传统所强调的"天人合一"的睿识，如果能够给予它适当的解释的话，不只可以找到打开《周易》的奥秘的金钥，还可以为之找到现代的意义。

"天人合一"在功能上有各个层次不同的含义。古代人在天象与人事之间处处找到神秘的关联，于是通过种种方式去占问。文明发展到了一个地步，乃做出"解消神话"的努力。但有一个根源的神话是不可以解消的，那就是我的生命是有意义的神话。我的生命来源不在自己，甚至也不在父母，而在神秘的"天"。我们不能证明生命是有意义的，但没有了这样的预设，一切将沦为虚无，故我们不得不信仰这一个得不到解释的神话。而天意既不可测，我们也不能完全排除占问之事，只不强为之解就是了。其次，一切科学之所以可能，必预设自然的架构与人心的架构有某种应和的关系。现代人虽已不声称能够把握客观的真理，但仍不能不肯定事象有一定的规律性，虽然我们并不明白这样的规律性的来由。由此我们不妨容许自己大胆跳出科学实证的领域，做出一些宇宙论的推断，做出一些合理的世界假设，由生态和谐的要求做进一步拓展，建构一套天人合一的世界观。最后每个人可以由自己生命内部体认到一个道德自律与创造性的根源，故生命有限，却又可通于无限，终可以体证到张载《西铭》所谓"存吾顺事，殁吾宁也"的平和境界。

结语

由以上所言，可见孔子确实是儒家哲学迈向自觉的一位最具关键性的人物。由《论语》《史记》《易传》，我们可以大体把握到孔子本人以及他所启发的思路。孔子以后的两大儒无疑是孟子与荀子。孟子的升格需要等到宋代，但他继承并开拓儒家的思想，后来被尊为亚圣，孔孟经常被连在一起讲，绝非偶然。荀子因倡自然的天论，又主性恶，朱子建构的道统把他排除在外，也是有一定的理由的。但荀子提倡礼教，又扮演了传经之儒的角色，汉代建立了亘古未有的伟大的文明，他的贡献是不容忽视的。只不过他的思想下开法家，负面的理论效果也是必须加以批判的。

宋儒把《小戴礼记》中的《大学》与《中庸》两篇抽出，拓展了儒家"内圣外王"与"天人合一"的理想。从此《学》《庸》《论》《孟》构成四书。到了元代，朱子的《四书集注》成为科举考试的基础，一直到清末废科举为止，深刻地影响了中国士人的思维模式。而《周易》自春秋、战国时代孔子及其后学撰成《易传》，化腐朽为神奇，将一本卜筮之书转化成为一部哲学的宝典，内容包含了神秘、理性／自然、宇宙，以及道德／形上符示。由汉代起，《易经》被尊为群经之首，吸引力历久不衰，一样深刻地影响了中国士人的思维模式。自宋代以来，《易》《庸》代表儒家哲学的最高智慧，一直到今日，通过崭新的阐释，还是蕴含着极为慧富的现代意义。

儒家哲学经历先秦、宋（元）明、当代三个大时代，不断有进一步的开拓与转进，但基本的规模与指向已形成于先秦。脱离了这个基础，根本无法谈宋明与当代儒学，由此可以看到其不可替代的重要性。在先秦儒学，我们继承了宝贵的传统资源，但也形成了限制，变成了我们的负担，要不断努力加以超脱。故我尝言传统的负担与资源一根而发，[58] 读者幸三致意焉！

58　论旨的阐发参拙著：《理想与现实的纠结》（台北：台湾学生书局，1993）。

第二部分　宋（元）明儒学

　　由中国哲学史的线索来看，先秦百家争鸣，到了汉代，据说汉武帝用董生之策，所谓独崇儒术、罢黜百家，以后历经两汉经学、魏晋玄学、隋唐佛学的阶段，宋代新儒学面对二氏（道、佛）的挑战，开创了理学，造成了中国哲学在先秦以后第二个黄金时代。这正是本讲所要处理的题目，首先让我们略述理学兴起的背景和缘起。

　　中西哲学的发展在过程中有些类似的地方。罗马军功鼎盛，但哲学的原创性远逊希腊，仅只能承其余绪。同样汉代军威远震西域，在哲学上也只能继承先秦余绪。当然西方是多元兴替的模式，到文艺复兴以后形成民族国家的兴起；而中国自汉以后形成了一个大一统的局面，从此一治一乱，一直到民国肇建，才结束了朝廷政治的规模。由哲学的观点看，所谓"独崇儒术，罢黜百家"不免过分夸张，并不符合事实情况。不只文景之治用的是黄老之术，以后道家持续发生深远的影响，长期形成儒道互补的结构。

而汉武帝以来皇室任用酷吏，汉家统治的诀窍乃是王霸杂之，不免阳儒阴法之嫌。阴阳家、杂家也已羼入正统。只墨家、名家因不合情势，销声匿迹，但著作也保留下来，到清末才又重新受到注意。然而汉武帝在公元前 124 年创建太学，立五经博士，尊儒家的典籍为圣典，孔子也被尊为圣人，又的确有其指标性的作用。大一统之后，以考试取士，从此士人作为君王与庶民之间的中介阶层，成为维系长治久安、社会安定的重要力量。[1] 但经学之传承株守家法，演变成为极为专门的学问。另一方面，《易经》被尊为群经之原，象数之学牵强附会，到了谶纬流行，迷信充斥，已不能满足知识分子精神的需要。魏晋乱世，乃转趋三玄（易、老、庄）。王弼注老、注易，尽扫象数，谈玄论道，打开了一条完全不同的道路。[2] 而佛教自汉代传入中国，长期没有发生任何作用，经过魏晋格义的阶段，翻译佛典越来越多，也越来越吸引了知识分子的注意力。[3] 玄奘取

1　参余英时：《试说科举在中国史上的功能与意义》，《二十一世纪》总第 89 期（2005.6），页 4—18。此文对于士人在国史上扮演的角色有一通盘性的了解，做出了简单扼要的综述。在周朝末年，士为贵族最低下的阶层。但到汉武中央集权，士成为四民之首。举孝廉，并通过考试在贵族之外取士，巩固朝廷的义理，成为安定社会秩序之一重要力量。此后历代科举采取有弹性的措施，固然有其严重的限制，也有其功能与意义。1905 年废科举，兴学堂，知识分子转为游离，不再肩负传统士人的责任，乃出现了亘古未有的新变局。

2　魏晋玄学的根本关注，有两条不同的线索，参牟宗三：《才性与玄理》（香港：人生出版社，1963）。此书现收入全集第二册。

3　参汤用彤：《汉魏两晋南北朝佛教史》（重庆：商务印书馆，二册，1938；台北：商务印书馆，1962）。

经，组织翻译道场译经，隋唐佛学盛极一时。但玄奘提倡的唯识宗并未流行，反而中国式的佛学华严、天台大盛。[4] 禅宗的法乳流布更是广被中土。朱子曾说："某见名寺中所画诸祖师人物，皆魁伟雄杰，宜其杰然有立如此。……其气貌如此，则世之所谓富贵利达、声色货利，如何笼络得他住？……也煞被他引去了好人。可畏可畏！"（《朱子语类》卷四）盛唐声威远播，但哲学上并无表现，只编《五经正义》，成为士人晋身之阶。知识分子则深具危机感，韩愈著《原道》，首倡道统之说，深排二氏。然只在文化层面立论，缺乏哲学深度，不足以面对道佛之挑战。[5] 尤其历

4　参牟宗三：《佛性与般若》（台北：台湾学生书局，二册，1977）。此书现收入全集第三、四册。牟先生以华严缘理断九，为别教的圆教；天台为诡谲的圆教，法性即无明，才是真正的圆教。这是前所未及的创见，颇有启发性，在此一志。

5　余英时指出，西方学术分类并不适用于中国学术发展的讨论。譬如韩愈为文人之雄，属文学史的范围，却首倡道统之说。王安石提倡新政，属政治史的范围，一般多并未注意到，安石与二程同时，也重视心性之学并推崇孟子，但酌取佛说，乃与明道有过辩论。而理学大行，属哲学史的范围，却忽视了朱熹与当时的政治有极其紧密的关联。英时兄大著：《朱熹的历史世界——宋代士大夫政治文化的研究》（台北：允晨文化，二册，2003）开拓了新的视域，把庆元党禁所以发生的原委那个遗失的环节重构了出来，这是我衷心佩服和赞许的。但有关"内圣外王"的问题，我对英时兄提出的"哥白尼式的回转"有所质疑，他做出了回应；针对我进一步的质疑，他又提出了儒家的整体规划的构想。相关文献参拙作：《评余英时《朱熹的历史世界——宋代士大夫政治文化的研究》》，《九州学林》1卷2期（2003，冬季），页316—334；余英时：《"抽离""回转"与"内圣外王"——答刘述先先生》，《九州学林》2卷2期（2004，春季），页301—310；拙作：《对于余英时教授的回应》，《九州学林》2卷2期（2004，夏季），页294—296；余英时：《试说儒家的整体规划——刘述先先生回应读后》，同上，页297—312。我们两人都相信真理越辩越明，但因学养不同，彼此的偏重难免有所不同。他强调"秩序重建"是儒学整体规划的归宿处，而我强调，宋儒把内圣外王当作整体来看，仍以内圣为主，外王为从。我可以承认学者一向过分侧重把理学当作哲学来理解，不免造成偏向，忽略了其他面相，英时兄的拓展确有贡献。然而把注意力集中放在哲学上面固然是一（转下页）

经五代乱世，道德沦丧，到了北宋，势必转出一重大的变局。《宋元学案》卷二《泰山学案》，百家谨案：先文洁公曰："宋兴八十年，安定胡先生、泰山孙先生、徂徕石先生始以师道明正学，继而濂、洛兴矣。故本朝理学虽至伊洛而精，实自三先生而始。"理学推本原始为徂徕，安定笃实之学，朱子也始终强调："释氏虚，吾儒实。"（《朱子语类》卷一二六）时代的需要促使儒家必须发展出广大精微的世界观、人生观以对抗二氏的挑战，在某一意义下造成了中国文化的文艺复兴，而下开了儒家哲学的第二个黄金时代。

"新儒家"的名称与道统源流的建构

我一向怀疑"新儒家"一词是外转内销的结果，经过长时期的考察，终于证明的确是这样的情况。[6]1923 年冯友兰在哥伦比亚大学通过博士论文答辩，论文题为"A Comparative Study of Life Ideals"，翌年由上海商务印书馆出版，里面有一章为"Neo-Confucianism"。冯氏返国

（接上页）种"抽离"，但哪一门学问不是抽离的结果？重要的是不把抽象当作具体的现实，以至犯下怀特海（Alfred North Whitehead）所谓"错置具体性的谬误"（fallacy of misplaced concreteness），cf. *Science and the Modern World*（New York: Macmillan, 1950），pp. 75, 85。如果知道抽象的适当定位，也就不足为患。我所要强调的是，哲学自成一个领域，有它的自主性，不可化约成为其他历史、文化、社会、经济的条件来理解。本书仍然以讨论哲学观念为主轴，那是不在话下的。

6　参拙作：《有关理学的几个重要问题的再反思》，现收入拙著：《理想与现实的纠结》，页 240—262。又参我的英文书，Liu, *Contemporary Neo-Confucian Philosophy*, pp. 1–3, 42–43。

后，应邀把博士论文改写为中文版，1926年在商务印书馆出版《人生哲学》一书，里面有一章为《新儒家》，主要介绍王阳明的学说。但冯友兰著《中国哲学史》，上下两卷，也由商务印书馆于1934年出版，却不用"新儒家"一词，而跟着宋史用"道学"一词。书中提到，"韩愈提出'道'字，又为道统之说。此说孟子本已略言之，经韩愈提倡，宋明道学家皆持之，而道学亦遂为宋明新儒学之新名。"[7] 显然冯氏认为"近所谓新儒家之学"[8] 仅只是一般用语，"道学"才明确界定了这一门学问的内容。哪知冯氏的学生卜德（Derk Bodde）把这书译为英文，第十章的标题《道学之初兴及道学中"二氏"之成分》却译成："The Rise of Neo-Confucianism and the Borrowings from Buddhism and Taoism"。了解西方汉学的人就明白，其实卜德的改译是有其必要的。"道学"的英译是："School of the Study of the Tao"，再以白话译回中文是："研究'道'的学派"，这岂不是很容易与"道家"或者"道教"混淆。卜德的英译由普林斯顿大学出版社于1952—1953年出版，[9] 很快变成英文的《中国哲学史》的标准教本，"Neo-Confucianism"也变成了英译"宋明理学"的专门用语。这门学问的专家学者如张君劢（Carsun Chang），陈荣捷（Wing-tsit Chan）、

7　冯友兰：《中国哲学史》，下册，页248。

8　同上注，页245。

9　Yu-lan Fung, *A History of Chinese Philosophy*, translated by Derk Bodde（Princeton, NJ: Princeton University Press, 2 vols., 1952−1953）.

狄百瑞（Wm. Theodore de Bary）都接受了这一术语。[10] 转译回中文"新儒家"，也广泛为中国学者所接受。而我对外转内销的猜测竟为冯友兰本人的话所证实，在英文的《中国哲学简史》中，他直承："新儒家一词是相当于道学为西方造的新词。"[11] 这一词为学界沿用了好几十年，不想下一辈的学者田浩（Hoyt Tillman）突然发难，[12] 他批评宋明儒学研究的主流用了这样一个语义含混不清、在历史描绘上完全没用的词语，而提议加以变革。这引起了狄百瑞的还击，双方展开了激烈的争辩。无可讳言，新儒家一词是有它的问题，此所以当年冯友兰曾经尝试避免用这个词语。但一个词语的流行并不是吾人可以控制的。一个词被沿用了几十年要突然加以弃置是不可能的事。而"道学"一词一样

10　Cf. Carsun Chang, *The Development of Neo-Confucian Thought*（New York: Bookman Associates, 1957, 1962）; Wing-tsit Chan, trans. & comp., *A Source Book in Chinese Philosophy* (Princeton, NJ: Princeton University Press, 1963); Wm. Theodore de Bary, ed., *The Unfolding of Neo-Confucianism* (New York: Columbia University Press, 1975）.

11　冯的原文是："the term Neo-Confucianism is a newly coined western equivalent for Tao-hsüeh." *A Short History of Chinese Philosophy*, ed. Derk Bodde (New York: Free Press, 1948), p. 268. 冯应卜德之约，1946—1947 年访美，1948 年谢绝亲友挽留，执意返回中国。1949 年中华人民共和国肇建，嗣后海内外关系断绝。据冯的回忆，他不知道英译的《中国哲学史》在普林斯顿出版。1982 年首次重访美国，先到夏威夷参加国际朱熹会议。我见到他，他坦承在"文革"时期未能修辞立其诚，如今又大致回归贞元六书的想法。然后他回母校哥伦比亚大学接受荣誉学位。然而"新儒家"之名虽源出冯友兰，港台、海外新儒家如唐君毅、牟宗三是循熊十力开出的线索有突破性的拓展，并未受到冯的思想的影响。

12　Hoyt Tillman, "A New Direction in Confucian Scholarship: Approaches to Examining the Differences between Neo-Confucianism and Tao-hsüeh", *Philosophy East and West*, vol. 42, no. 3 (July, 1992), 455–474.

有它的问题，正因为儒家不能阻止道家、道教用"道"这一词语，所以中国人在宋史之后，也就不再立道学传，一直到冯友兰才重新讲道学，也缺少积极正面的回响。反而贺麟在1941年首次自觉地打出新儒学的旗号，[13] 提倡新心学，与冯友兰的新理学之漠视心性之学相区隔，把握到了时代的新脉搏，不期而然地预言了当代新儒家的崛起。

回到"新儒家"这个词语，我觉得略加修正，就可以避免田浩所批评的毛病。如所周知，宋明儒学的主流是宋明理学。而"理学"有广、狭二义。狭义指程朱理学，与陆王心学相对；广义则兼摄狭义的理学与心学。正如钱穆先生所指出的，理学并非不重心，心学并非不重理，不能望文生义，做出泾渭分明的区隔。简单来说，陆王心学主心即理，程朱理学主性即理，朱子的说法是心具众理，心在他的哲学中实占一枢纽性的地位。[14] 理学既有广狭二义，不免有时会造成不便，需要加以改善。我提议以"宋明新儒学"代替广义的"宋明理学"，程朱理学与陆王心学是下面的两个分支。

理学有充分的理由可以被称为新儒学。"理"在先秦并不是一个重要的观念，是受到佛教的冲击才往一个新的

13　贺麟：《儒家思想的新开展》，《思想与时代》创刊号（1941.8）。此文收入《文化与人生》（上海：商务印书馆，1947）。现代新儒学是我下一讲的主题。
14　我在英文中首先发表有关朱子思想的专文，Shu-hsien Liu, "The Function of the Mind in Chu Hsi's Philosophy", *Journal of Chinese Philosophy*, vol. 5, no. 2（Jun. 1978），195–208，此文曾为狄百瑞所引用。

方向发展。华严盛张理事无碍法界观，圭峰宗密倡"原人论"，宋明儒讲"存天理，灭人欲"，想必曾经受到重大的启发。但宋明儒开展的是"性理"，不是佛教的"空理"，或者道家的"玄理"。建构"道统"源流的一个中心人物是朱熹。[15] 我们如今熟悉的所谓"濂、洛、关、闽"，就是由他精心构造出来的线索。在《中庸章句序》中，他说：

> 道统之传有自来矣。其见于经，则允执厥中者，尧之所以授舜也。人心惟危，道心惟微，惟精惟一，允执厥中者，舜之所以授禹也。……自是以来，圣圣相承，……若吾夫子则虽不得其位，而所以继往圣开来学，其功反有贤于尧舜者。然当是时，见而知之者，惟颜氏、曾氏之传得其宗。及曾子之再传，而复得夫子之孙子思。……又再传以得孟氏。……及其没而遂失其传焉。……故程夫子兄弟者出，得有所考，以续夫千载不传之绪。(《朱子文集》卷七十六)

及后黄干书《朱子行状》，乃曰：

> 道之正统，待人而后传。自周以来，任传道之

15　1982年国际朱熹会议，我提出的论文就是有关"道统"的讨论与反思，Shu-hsien Liu, "The Problem of Orthodoxy in Chu Hsi's Philosophy", in *Chu Hsi and Neo-Confucianism*, edited by Wing-tsit Chan (Honolulu: University of Hawaii Press, 1986), pp. 437–460。

责，得统之正者，不过数人，而能使斯道章章较著者，一二人而止耳。由孔子而后，周程张子继其绝，至先生而始著。

　　以后宋史引其说，列代学者宗之不乏其人。陈荣捷先生指出，朱子之立道统，是以哲学性的理由排除汉唐诸儒，特尊二程，首标周子，旁置张子，而不及邵子，其言是也。[16] 朱子与吕东莱合编《近思录》，选录了周子、二程、张子的著作。西方学者如魏伟森（Thomas Wilson）注意到，《近思录》的编纂开创了一个新的典范，它由学术观点选入一些人物与著作，建构了一个传统，自然也就把其他人物排除在外，道学在这种方式之下形成了宗派，有向心和排他的双重作用。[17]

　　宋明理学既形成一个传统，进一步的发展乃有所谓程朱、陆王的分别。历经宋、元、明近七百年的时间，依牟宗三先生的看法，最重要的思想家不外下列九人：周敦颐（濂溪，1017—1073）、张载（横渠，1020—1077）、程颢（明道，1032—1085）、程颐（伊川，1033—1107）、胡宏（五峰，1105—1161）、朱熹（元晦，1130—1200）、陆九渊（象山，

16　参陈荣捷：《朱子道统观之哲学性》，《东西文化》第 15 期（1968. 9），页 25—32。现收入陈荣捷著：《新儒学论集》（台北："中央研究院"中国文哲研究所，1995）。

17　Cf. Thomas Wilson, *Genealogy of the Way: The Construction and Uses of the Confucian Tradition in Late Imperial China* (Palo Alto, CA: Stanford University Press, 1995).

1139—1193），王守仁（阳明，1472—1529），与刘宗周（蕺山，1578—1645）。[18] 我再加上黄宗羲（梨洲，1610—1695）作为宋明理学的殿军。[19] 那么这一个思想潮流的共同预设是什么？牟先生明白指出：

> 天道性命相贯通乃宋明儒共同之意识，亦是由先秦儒家之发展所看出之共同意识，不独横渠为然。兹所以独于横渠如此标题者，乃因横渠作品中有若干语句表现此观念最为精切谛当，亦是濂溪后首次自觉地如此说出者。……《正蒙·诚明篇》云："天所性者通极于道，气之昏明不足以蔽之。天所命者通极于性，遇之吉凶不足以戕之。"此四句即是天道性命相贯通之最精切而谛当之表示者。[20]

超越的天道内在于人心，这是一种"内在超越"的形态。[21] 这样的思绪到黄梨洲还能够维持，同门陈确却完全

18　牟宗三：《心体与性体》（台北：正中书局，三册，1968—1969），第 1 册，页 414—415。此书现收入全集第五、六、七三册。胡宏的生卒年月，参《胡宏集》（北京：中华书局，1987），页 2—7，吴仁华君的考证。

19　我的理由具见拙著：《黄宗羲心学的定位》。

20　牟宗三：《心体与性体》，第 1 册，页 417。

21　相关问题的讨论参拙作：《论宗教的超越与内在》，现收入拙著：《儒家思想意涵之现代阐释论集》，页 157—177，以及我在 2002 年在"中研院"文哲所主办的"当代儒学与西方文化：宗教研讨会"宣读的论文：《超越与内在问题之再省思》，收入刘述先、林月惠主编：《当代儒学与西方文化：宗教篇》（台北："中央研究院"中国文哲研究所，2005），页 11—42。

失落了超越的层面，清初的颜元、戴震也不约而同，思想中取消了超越的层面。这样不期而然，发生了典范转移（paradigm shift）的情况。[22] 但冯友兰却看不到这样的情况，他只由清儒还在讨论理、气、心、性、情、才的外表现象而讲"清代道学之继续"，[23] 而未能深入地理解到，其意涵已有了根本的改变。由此我提议把"宋明新儒家"取代广义的理学，下限到明末清初的黄梨洲为止，程朱理学和陆王心学是这一思潮下面两个重要的分支。这一思潮既有"天道性命相贯通"的共识，那就不会有田浩所批评的弊病：此词语义不明并在历史描述上无用。以下我就顺着这样的线索讨论宋明新儒学的代表人物由周濂溪到黄梨洲的思想。

周濂溪与张横渠

周濂溪在生时籍籍无名，虽然年轻时他曾为二程的家庭教师，但二程并不承认学问是承自濂溪。朱子建立道统，才首尊濂溪为开山人物。原因在朱子推崇濂溪的《太极图

22　参郑宗义君和我合作的论文：《从道德形上学到达情遂欲——清初儒学新典范论析》，现收入拙著：《儒家思想意涵之现代阐释论集》，页73—103。又参 Benjamin A. Elman, *From Philosophy to Philology* (Cambridge, MA: Harvard University Press, 1984)。

23　冯友兰：《中国哲学史》，下册，第十五章《清代道学之继续》，页376—402。

说》，却不免受到象山兄弟的质疑。[24] 但朱子之解《太极图说》虽未必一定正确，眼光之卓绝却受到后世之肯定。阳明与蕺山都接受朱子所建构的道统的线索，把濂溪当作新儒学的先驱人物（pioneer），当代新儒家也无异议。唐君毅、牟宗三均认为濂溪是第一个通过《易传》与《中庸》接上先秦孔子的睿识。表面上看来，北宋新儒学伊始，铺排开来，似有一宇宙论的架局，好像是继承汉代儒学的进一步发展。然而这样的理解不免失之于皮相，没有注意到濂溪对易道的了解已经有了根本的转向，由"诚"去把握天道，开启了内圣之学的规模，不再像汉易把注意力集中在外在象数的那一套。《通书·诚上第一》开宗明义即说：

> 诚者圣人之本。"大哉乾元，万物资始"，诚之源也。"乾道变化，各正性命"，诚斯立焉。纯粹至善者也。故曰："一阴一阳之谓道，继之者善也，成之者性也。""元亨"，诚之通。"利贞"，诚之复。大哉易也，性命之源乎？

24　象山兄弟认为《太极图说》谓"无极而太极"，"无极"为老氏语，故以该文非濂溪所作，或者为不成熟之少作。朱子释此语为"无形而有理"，肯定了周子的创造性的诠释。事实上此文是濂溪所作，当代新儒家由哲学的观点肯认了此文之睿识。唐君毅先生著《原太极》一文，论《太极图说》与濂溪《通书》之义理相通，参唐氏著：《中国哲学原论：导论篇》（香港：人生出版社，1966），页412—418。牟宗三先生也有类似的看法，参《心体与性体》，第1册，页404—413。

此是以《中庸》之"诚"释《易传》之《乾彖》。"诚"在此处不可理解成为只是一种心理态度，乃至一种道德品目。它的含义是"真实无妄"，所言即为"天道"，世界万物之源。诚体为创造之真几，通于天人，《中庸》所谓"诚者天之道也，诚之者人之道也"。性与天道是客观地说，诚是主观地说，《乾彖》《系辞》之语，用一"诚"字点拨出来，实义朗现。"乾道变化"不过只是一诚体之流行，此为儒者最根源之智慧，濂溪劈头即把握到了纲领。顺诚体而动，则德行皆从此出。《通书·圣第四》曰：

> 寂然不动者诚也。感而遂通者神也。动而未形、有无之间者几也。诚精故明，神应故妙，几微故幽。诚神几曰圣人。

诚体发用，修养工夫做到顶即是成圣之境界。而现实生活中行事之道，则《通书·圣第六》曰："圣人之道，仁义中正而已矣。"圣可学而至，故《通书·志学第十》曰："圣希天，贤希圣，士希贤。"由这一条线索乃可以看到濂溪将宇宙论转化为一条与汉儒不同的途径。

《通书·动静第六》曰：

> 动而无静，静而无动，物也。动而无动，静而无静，神也。动而无动，静而无静，非不动不静也。物

则不通，神妙万物。水阴根阳，火阳根阴。五行阴
阳，阴阳太极，四时运行，万物终始。混兮辟兮，其
无穷兮。

动而不显动相，静而不显静相，这是神之体悟。太极
即诚体之神也。由这一诚体化生万物，《通书·理性命第
二十二》曰：

二气五行，化生万物。五殊二实，二本则一。是
万为一，一实万分。万一各正，小大有定。

很明显，这里的思路与《太极图说》是同样的思路。
内文并未说到"理""性""命"，然而意思都隐含在里面。
濂溪的思想的确既有形而上（圆悟）的意涵，也有宇宙论
（分疏）的意涵，在这方面，他还有些想得没有通透的地
方。[25]《太极图说》不同于《通书》处只是多了"无极而太
极，太极动而生阳"两句话。陆氏兄弟质疑"无极而太极"
一语，然而，除了"无极"一词系来自今本《老子》第
二十八章外，由形而上学的观点看并不难理解。无极并非
太极之前的一个阶段，"无极""太极"实一体之两面。《太
极图说》曰：

25　牟先生书有一小节论濂溪之造诣与不足，参《心体与性体》，第 1 册，页 356。

五行一阴阳也，阴阳一太极也，太极本无极也。五行之生也，各一其性。无极之真，二五之精，妙合而凝。乾道成男，坤道成女。二气交感，化生万物。万物生生，而变化无穷焉。

由文义看，太极本来就是无极。就创生之体而言，无极是遮诠，太极是表诠，二而一者也。故后文只说"无极之真"，就省略了"太极"，明矣。"太极动而生阳"一语似费解，但依《通书》解《太极图说》，《通书·诚下第二》云："静无而动有。"则"无极而太极"即静无，"太极动而生阳"即动有。静时显诚体之无声无臭，动时乃显阳（动）阴（静）二气交感之相。顺流而趋，五行迭运，万物化生，故一本而万殊。濂溪是以这种方式转化了汉儒阴阳五行之说，其根本原理为创造性之生，不会堕入汉儒讲符应一类的迷信之中。最难得的是，他的心灵是开放的，他的太极图乃取之于道家，本来是炼气化神的修炼图，但周子把图倒转过来，根据《易传》《中庸》的睿识，讲出了一套宇宙创生论，动静无端，阴阳无始，这是划时代的贡献。[26] 在修养工夫方面，周子讲"主静以立人极"。这是超越层面之"静"，不是动、静对立之"静"，乃粹然儒者之言。虽然他的表述偏向宇宙论方面，还未能深入心性之学，但已是一

26　参冯友兰：《中国哲学史》，下册，页260—263。香港：三联书店，二册，香港第一版，1982。

个良好的开始。

张横渠在宋明儒学之中占有一特殊的地位。他的文章《西铭》和《太极图说》一样，对后世有深远的影响。由于文章中谓"民吾同胞，物吾与也"，引起了杨龟山的质疑，以为他是墨子兼爱之说，伊川答复龟山，乃首次揭示横渠所教乃是"理一分殊"之旨：

> ……横渠立言诚有过者，乃在《正蒙》。《西铭》之为书，推理以存义，扩前圣所未发，与孟子性善、养气之论同功（原注：二者亦前圣所未发）。岂墨氏之比哉？《西铭》明理一而分殊，墨氏则二本而无分（原注：老幼及人，理一也。爱无差等，本二也）。分殊之蔽，私胜而失仁；无分之罪，兼爱而无义。分立而推理一，以止私胜之流，仁之方也。无别而述兼爱，至于无父之极，义之贼也。子比而同之，过矣！且谓言体而不及用。彼欲使人推而行之，本为用也。反谓不及，不亦异乎？（《二程全书·伊川文集》卷五）

"理一分殊"从此成为新儒家的共识，直到今日通过创造性的诠释还有其现代乃至后现代的意义。[27]横渠是一个极难处理、富于争议性的人物，也未受到足够的重视。原

27　参拙作：《"理一分殊"的现代解释》，现收入《理想与现实的纠结》，页157—188，以及拙著、景海峰编：《理一分殊》（上海：上海文艺出版社，2000）。

因并不难了解，因他自承见道晚于他的两个表侄：明道与伊川。而他的兴趣广泛，观念驳杂，不易得到相应的理解，不免受到旁置的命运。[28] 尤其他往往选择一些奇特、不够圆熟的表达方式，以至二程批评他的《正蒙》一书未纯，而牟宗三先生也批评他有许多"滞词"，如"合虚与气有性之名""合性与知觉有心之名"之类，下面有申论。[29] 但他的思想极富于原创性，在心性之学方面有前所未有的突破。

《正蒙·诚明篇》曰：

> 天所性者，通极于道，气之昏明不足以蔽之。天所命者，通极于性，遇之吉凶不足以戕之。不免乎蔽之戕之者，未之学也。性通乎气之外，命行乎气之内。气无内外，假有形而言尔。故思知人，不可不知天。尽其性，然后能至于命。知性知天，则阴阳皆吾分内尔。"莫不性诸道，命诸天"。

这样的说法进一步发挥了孟子"知性知天"的思想，所讲的很明白是"本性"，性与天道相通。道虽必带着气化，而不就是实然的气化。通体以达用，若大路然，故曰

28　近年来情况有所改善，大陆学者对张载与关学有了一些研究成果，参陈俊民：《张载哲学与关学学派》(台北：台湾学生书局，1990)；丁为祥：《虚气相即——张载哲学体系及其定位》(北京：人民出版社，2000)。

29　参牟宗三：《心体与性体》，第1册，页499—529。台北：正中书局，三册，1968—1969。

道，而"天道性命相贯通"。《正蒙·乾称篇》说得更清楚明白：

> 至诚，天性也。不息，天命也。人能至诚，则性尽而神可穷矣。不息，则命行而化可知矣。学未至知化，非真得也。

儒家讲实践的形而上学，故与工夫论不可分割开来，很自然会强调"学"的重要。张载第一个区分了"天地之性"与"气质之性"。《正蒙·诚明篇》曰：

> 形而后有气质之性。善反之，则天地之性存焉。故气质之性，君子有弗性者焉。

大化流衍而有个体，具形之后乃有气质之性。但只有回到天地造化的本源，才能体现共通的天地之性。横渠清楚地阐释了《孟子·尽心下》的说法，所谓："口之于味也，目之于色也，耳之于声也，鼻之于臭也，四肢之于安佚也。性也，有命焉，君子不谓性也。"人要是拘限在气质之性以内，那就只有塞，故必体现天地之性，所谓"本性"，才能够通出去。而这里的关键在于"尽心"。《正蒙·诚明篇》云："心能尽性，人能弘道也。性不知检其心，非道弘人也。"人有了性的禀赋还不足，必须要靠心发挥其能动性，才能把性分所有充分扩展出来。横渠在《正蒙·大心篇》畅发了这一论旨：

> 大其心，则能体天下之物。物有未体，则心为有外。世人之心止于闻见之狭。圣人尽性，不以见闻梏其心。其视天下，无一物非我。孟子谓尽心则知性知天，以此。天大无外，故有外之心，不足以合天心。

由仁心之无外，乃可以了解孟子所谓"万物皆备于我"（《孟子·尽心上》），横渠于此又作了重要的"见闻之知"和"德性之知"的分别。《正蒙·大心篇》曰：

> 见闻之知乃物交而知，非德性所知。德性所知不萌于见闻。

"德性之知"依横渠，即是发于性体之知。而"见闻之知"即今日吾人所谓经验知识的范围。《正蒙·诚明篇》开首云："诚明所知，乃天德良知，非闻见小知而已。"天德良知通天人，合内外，一小大，而见其为具体而真实的诚明之知用。《正蒙·大心篇》更进一步发挥曰：

> 天之明莫大于日，故有目接之，不知其几万里之高也。天之声莫大于雷霆，故有耳属之，莫知其几万

里之远也。天之不御莫大于太虚，故心知廓之，莫究
其极也。人病其以耳目见闻累其心，而不务尽其心。
故思尽其心者，必知心所从来而后能。耳目虽为性累，
然合内外之德，知其为启之之要也。

由这段引文可见，天德良知既不离于见闻，也不囿于
见闻。牟先生即引了这一段话，认定横渠所谓"心知廓
之"，即康德所谓"智的直觉"（intellectual intuition）。[30] 这
不免引起争议，我在这里无意介入这方面的争论。但横渠
喜言气，的确造成了问题。过去大陆学者每以唯物论去附
会他的思想，说不通时就把他的思想一分为二，一半是唯物
论的创思，一半是唯心论的糟粕，这种曲解根本无视于横
渠思想之为一整体，自不足论。[31] 但横渠的确有强烈的宇
宙论兴趣，也确有很重的气化论倾向，这些应如何加以相
应的理解而给予适当的定位，的确是个大问题。以下对横
渠论形而上学与宇宙论最重要的著作《正蒙·太和篇》略
加疏解，提出一些思绪以供参考之用。

《正蒙·太和篇》开宗明义曰：

30　参牟宗三：《智的直觉与中国哲学》（台北：商务印书馆，1971），页184—202，
现收入全集第二十册。康德认为人只有"感触直觉"（sensible intuition），上帝才有
"智的直觉"。牟先生即以此比论中西哲学之差异。

31　参侯外庐主编：《中国思想通史》（北京：人民出版社，1958），第四卷，上册，
页545—570。

太和所谓道。中函浮沉、升降、动静、相感之性，是生细缊相荡胜负屈伸之始。其来也，几微易简；其究也，广大坚固。起知于易者乾乎？效法于简者坤乎？散殊而可象为气，清通而不可象为神。不如野马细缊，不足谓之太和。语道者知此，谓之知道。学《易》者见此，谓之见《易》。

这是总纲。由语脉来看，太和是创生本体。横渠消化了《易传》，提出了自己的见解。但他喜欢选择一般人不熟悉的概念与表达，就不免引起误解。太和容易被了解成为阴阳二气和合的统一体，未能凸显出本体的创生义。而《庄子·逍遥游》所谓"野马"乃春日泽中游气，《易·系辞》下所谓"天地细缊，万物化醇"，朱注"细缊，交密之状"，也是在描绘形而下气化的状态，这容易让人误解横渠为一自然主义之气化论者。然而在这一段话中，横渠明白地对比"气"与"神"，神固不离气，但不可以化约为气，故不可以把游气之细缊就当作道。《正蒙·乾称篇》曰：

凡可状皆有也，凡有皆象也，凡象皆气也。气之性本虚而神，则神与性乃气所固有。此鬼神所以体物而不可遗也。

"气之性"即气之体性，这不是散殊可象之气之质性那样的现象之性，而是遍运乎气而为之体之本体之性，乃形而上者。故《正蒙·太和篇》接着说：

　　　　太虚无形，气之本体。其聚其散，变化之客形尔。至静无感，性之渊源。有识有知，物交之客感尔。客感客形与无感无形，惟尽性者一也。

　　这是横渠用他自己的方式诠释《易·系辞》上所谓"寂然不动，感而遂通"的含义。太和是总持地说，太虚是分解地说，二而一者也。本体与现象互相融贯，气以太虚为体，所谓虚灵，则气始活。《乾称篇》曰："大率天之为德，虚而善应。其应非思虑聪明可求，故谓之神。"这里讲的明显地不是知识，而是智慧。《太和篇》接着说：

　　　　天地之气，虽聚散攻取百涂，然其为理也，顺而不妄。气之为物，散入无形，适得吾体；聚为有象，不失吾常。太虚不能无气，气不能不聚而为万物，万物不能不散而为太虚。循是出入，是皆不得已而然也。然则圣人尽道其间，兼体而不累者，存神其至矣。彼语寂灭者，往而不返。徇生执有者，物而不化，二者虽有间矣，以言乎失道，则均焉。聚亦吾体，散亦吾体。知死之不亡者，可与言性矣。

兼体者即能兼合各相而不偏滞于一隅之谓。《诚明篇》曰"天本参和不偏",所要表达的意思是相通的。"参"字是来自《说卦》"参天两地而倚数"之"参"。《正蒙·参两篇》云:"地所以两,分刚柔男女而效之法也。天所以参,一太极两仪而象之性也。"又云:"一物两体气也。一故神(两在故不测),两故化(推行于一)。此天之所以参也。"一即太极,在这里横渠又回到传统"本体"之用语。把握到本体,则在(神)无方(易)无体的情形下,体现得神用。而活泼泼的本体要展现成为千变万化的现象,则必通过阴阳、聚散、阖辟之对偶性。圣人尽道,"兼体无累"所体现的正是一多相即、体用圆融的境界。传统儒家从来不讲个体灵魂不灭,但坚信个人的生命与宇宙的生命相通。横渠辟佛老,偏又喜欢借用二氏的用语来阐发自己的意思。他继续说:"知虚空即气,则有无、隐显、神化、性命,通一无二。顾聚散、出入、形不形、能推本所从来,则深于易者也。"易道生生不已,与老(虚)释(空)适成对比。横渠有进一步的说明:

> 气之聚散于太虚,犹冰凝释于水。知太虚即气,则无无。故圣人语性与天道之极,尽于参伍之神变易而已。诸子浅妄,有有无之分,非穷理之学也。太虚为清,清则无碍,无碍故神。反清为浊,浊则碍,碍则形。凡气清则通,昏则壅。清极则神。故聚而有间,

则风行而声闻具达，清之验与？不行而至，通之极
与？由太虚有天之名，由气化有道之名，合虚与气有
性之名，合性与知觉有心之名。

横渠所想要表达的是一种体用不二，既超越亦内在
之圆融之论，由此而批判老氏"有生于无"之说，谴责
了"有无之分"的二元论，他所谓"无无"是"无"所谓
"无"的意思。而虚气相即，却不能将虚化约为气，解释成
为唯物论。横渠乃是一种"本体、宇宙论的"陈述。气的
运作必通过对偶性而显，所谓"两故化"。但在变化的过程
中每每形成窒碍的情况，这和濂溪所观察到的"物则不通"
的情形是一致的。作为圣人的追随者，在意识上横渠也要
扭转这种自然物化的倾向，而凸显出"一故神"的既内在
而超越的向往。归本于太虚，维持住清通的状态，而体现
到参和不偏、虚气相即的"太和"境界。对于横渠的"本
体、宇宙论"的论述，有种种异说，莫衷一是。无论如何，
横渠所表达的乃是圣学的一支，这是绝对没有问题的。但
他的思想照顾的层面广，想得很复杂，有时不很明透，又
选择了大家不熟悉的表达方式，乃不免有滞辞，遭人误解，
那也就是很自然的了。最后他作总结的那四句话，不作适
当的诠释都是有问题的。所谓"由太虚有天之名"，"天"
之一词本多歧义，苍苍者天是一义，太虚之神也只能展示
天的一个面相而已。"由气化有道之名"，"道"的涵义岂是

"气化"一词可以穷尽的？横渠的思想被误释为唯物论，这就是其根源。"合虚与气有性之名"，虚、气相即本不可分，此处言合"虚"与"气"，岂不有二元之嫌？"合性与知觉有心之名"，难道性体中本无知觉，性是性，加上知觉才有"心之名"？此不谓之滞辞而不可得！

横渠的思想表达之得失由下一段引文更可以看得清楚：

> 鬼神者二气之良能也。圣者至诚得天之谓。神者太虚妙应之目。凡天地法相皆神化之糟粕尔。天道不穷，寒暑也。众动不穷，屈伸也。鬼神之实，不越二端而已矣。两不立，则一不可见。一不可见，则两之用息。两体者，虚实也，动静也，聚散也，清浊也，其究一而已。

横渠完全由自然主义的立场释鬼神，鬼者归也，神者伸也，将鬼神化归于气化，予以宇宙论的解析。这可以破除迷信，和孔子一样，不否定鬼神的现象，而给予合理的解释，这正是宋儒胜过汉儒的一个层面。但由诚体说"神"，这不是鬼神之"神"，那根本是完全不同的另一个层面，不只是内在，还有超越的含义。横渠是要说明"一故神""两故化"决不可以分开了解，必须融贯一起，才能表达出他的"本体、宇宙论的"论述的丰富含义。这里所谓"两体"，非本体义，乃气之两种体态的意思，鬼神也正是呈现出来的"两体"的某种形态而已！二程也正是因此而认为横渠讲"清、虚、一、大"是混着形上、形下两个层面讲，于是颇有微词，由下面二段引文可见：

> "形而上者谓之道，形而下者谓之器。"若如或者以清、虚、一、大为天道，则（原注：一作"此"）乃以器言，而非道也。（《二程全书·遗书第十一·明道先生语一》。师训。刘质夫录。）

> 立清、虚、一、大为万物之原，恐未安。须兼清浊虚实乃可言神。道体物不遗，不应有方所。（《二程全书·遗书第二上·二先生语二上》。吕与叔东见二先生语。未注明谁语。）

这显然是对横渠思想的误解。二程的思想自更精纯，他们不喜欢横渠的思想驳杂。正因此他们乃尽弃周、张宇宙论的玄想，集中心力在心性论上，把圣学带到了一个更深刻的层面。这是超特的成就，理学要到他们才真正挺立起来。宋明理学从此转归内圣之学，开拓了儒家哲学第二个大时代。然而道统之立，不免剪除旁支，也要付出沉重的代价。

程明道与程伊川

洛学为北宋理学重镇。濂溪究心《易》《庸》，并未措意《论》《孟》。横渠兼顾《易》《庸》《论》《孟》，然思想表达驳杂，容易引生误解。圣学的纲维要到二程才挺立起来。但二程之间实有分别，明道的一本之论与伊川性气二元之旨确有区隔，到牟宗三先生才彻底揭露开来。[32] 我们先由明道说起，伊川作《明道先生行状》云：

> 先生为学，自十五六时，闻汝南周茂叔论道，遂厌科举之业，慨然有求道之志。未知其要，泛滥于诸家，出入于老释者几十年，返求诸六经而后得之。明于庶物，察于人伦。知尽性至命，必本于孝弟；穷神知化，由通于礼乐。辨异端似是之非，开百代未明之惑。秦汉而后，未有臻斯理也。谓孟子没而圣学不传，以兴起斯文为己任。

这简洁地说明了，道学是回应二氏之挑战而起，所谓"出入于老释者几十年，返求诸六经而后得之"，是很多宋明理学家共同的经验。所探索到的是一条"内在超越"的

32　二程性格迥异，这是人人都看得到的现象。冯友兰自诩他的哲学史，在思想上做出分疏，以明道乃心学之先驱，伊川乃理学之先驱，前者是主观唯心主义，后者是客观唯心主义（《三松堂全集》第一卷，页210）。且不说这样的比附十分无谓，其实根本未能鞭辟入里。牟宗三先生《心体与性体》第2卷才明白做出分疏，二人之思想纲领见页17-20、253-259，然后条分缕析，把以前未加注明的二先生语录分别系之于明道、伊川，睿见之通透、功力之深厚的确前无古人，把宋明理学的研究带进了一个新的境界。下文所引二程语录，皆转引自牟著。但牟先生对比纵贯、横摄两条思路有时不免过分决绝，还需要做出细部的调整，才能够还原出思想史的真相。

途径，归本于性命，而有道统的担负。但要在怎样的基础之上来担承道统呢？明道自承：

> 吾学虽有所受，天理二字却是自家体贴出来。（《二程全书·外书第十二·传闻杂记》，见上蔡语录。）

明道所强调的是自己实存的对于"天理"的体证。"天理"二字并不是明道的发明，在古典之中，早见于《乐记》；就道体性命言"天理"自横渠而已然。但明道不作宇宙论的铺陈，直截地体证了内在于自己生命的超越的天理。明道进一步说明白：

> 天理云者，这一个道理更有甚穷已？不为尧存，不为桀亡。人得之者，故大行不加，穷居不损。这上头更怎生说得存亡加减，是佗原无少欠，百理俱备。（《二程全书·遗书第二上·二先生语二上》。吕与叔东见二先生语。未注明谁语。牟先生断定，自系明道语无疑。）

所谓"不为尧存，不为桀亡"，不可误解为荀子式自然主义的天论，明道所凸显的是天理永恒常存自存的超越义。人得之而为性，是圆满穷尽，故"大行不加，穷居不损"。（《孟子·尽心上》，朱注："所得于天之全体，故不以穷达而有异。") 明道每引古典，点拨一二语而令意义显豁出来。这一条表示静态地默识天理之为本体论的实有。明道又说：

> 所以谓万物一体者，皆有此理。只为从那里来。生生之谓易，生则一时生，皆完此理。人则能推，物则气昏，推不得。不可道他物不与有也。人只为自私，将自家躯壳上头起意，故看得道理小了佗底。放这身来都在万物中一例看，大小大快活！……（同上，未注明谁语。牟先生断定，自属明道语无疑。）

这一条动态地看天理实体，万物都从同一根源来。犹如一家族子孙皆从一祖来，故皆是一家一体也，乃是由于同一本体，而相连属成为一体。本体论的圆具，人物一如。但从道德实践言之，则人物毕竟有差别，关键在人能推，物不能推，故物只是潜具此理，不能真以此为性也。

就人之在实践上努力体现性分上的禀赋，明道通过《易》《庸》《孟子》点拨曰：

> "忠信所以进德"，"终日乾乾"，君子当终日对越在天也。盖"上天之载，无声无臭"。其体，则谓之易；其理，则谓之道；其用，则谓之神；其命予人，则谓之性。率性，则谓之道；修道，则谓之教。孟子

在其中又发挥出浩然之气，可谓尽矣。故说神如在其
上，如在其左右。大小疑事，而只是诚之不可掩，澈
上澈下，不过如此。形而上为道，形而下为器。须着
如此说。器亦道，道亦器。但得道在，不系今与后，
己与人。(《二程全书·遗书第一·二先生语》。端伯传
师说，未注明谁语。牟先生指出，《宋元学案》列入
《明道学案》，是。)

此中其体、其理、其用，皆指"上天之载"、无声无
臭、生物不测之天道本身说。而"诚"则形，故亦曰"诚
体"，指形而上的创生实体而言。明道又曰：

《系辞》曰："形而上者谓之道，形而下者谓之
器。"又曰："立天之道曰阴与阳，立地之道曰柔与刚，
立人之道曰仁与义。"又曰："一阴一阳之谓道。"阴阳
亦形而下者也。而曰道者，惟此语截得上下最分明。
元来只此是道，要在人默而识之也。(《二程全书·遗
书第十一·明道先生语一》。师训。刘质夫录。)

由这一段引文可见明道实预设一分解的表示。阴阳是
形而下者，只能是器，不能是道。而道不即阴阳，亦不离
阴阳，即在一阴一阳之变化中当下体悟"于穆不已"之道
体。故上条言"器亦道，道亦器"，乃圆顿表示，需默而

识之，而无论本体论、宇宙论、践履论，总是一本。明道曰：

> 若不一本，则安得"先天而天弗违，后天而奉天时"？（《二程全书·遗书第二上·二先生语二上》，吕与叔东见二先生语。未注明谁语。牟先生断定为明道语。）

但表现出来则必通过对偶性原则，明道曰：

> 天地万物之理无独必有对，皆自然而然，非有安排也。每中夜以思，不知手之无之，足之蹈之也。（《二程全书·遗书第十一·明道先生语一》。师训。刘质夫录。）

然而明道进一步的发挥却不免引人误解，他说：

> 天下善恶皆天理。谓之恶者非本恶，但或过不及便如此，如杨墨之类。（《二程全书·遗书第二上·二先生语二上》。吕与叔东见二先生语。此条下注一"明"字，示为明道语。）

如果是这样，那何必拒杨墨如洪水猛兽？明道又曰：

事有善有恶，皆天理也。天理中物须有善恶。盖物之不齐，物之情也。但当察之，不可自入于恶，流于一物。（同上。此条下亦注一"明"字，示为明道语。）

如果连恶也是天理，那么要用什么判准去排斥恶呢？如果还是天理的话，那岂不是陷于自相矛盾吗？由此可见，明道的表达是有引生误解之处。问题的关键在于，明道用"天理"一词是有不同的含义。正如牟先生所指出的，这两条中所言是第二义的天理，不是前面所言第一义的天理。[33]第一义之理透体立极，先天而天弗违，只有至善，而且恒常、遍在，这上头既说不得"存亡加减"，安有各种差别相？但理通过气表现出来，就自然而然有对偶性，而有物情物势上善恶美丑之不同，大小之不同，判分彼此之不同。即在此第二义之理上面，还是有顺天和逆天的差别，故明道曰：

诗曰："天生烝民，有物有则。民之秉彝，好是懿德。"故有物必有则。民之秉彝也，故好是懿德。（按：以上皆《孟子》文）万物皆有理，顺之则易，逆之则难。各循其理，何劳于己力哉？（《二程全书·遗

33　参牟宗三：《心体与性体》，第二册，页81—86。

书第十一·明道先生语一》。师训。刘质夫录。）

明道还有进一步的说明曰：

　　万物皆只是一个天理，己何与焉。至如言"天讨
有罪，五刑五用哉，天命有德，五服五章哉"，此都
只是天理，自然当如此，人几时与？与则便是私意。
有善有恶，善则理当喜，如五服自有一个次第以彰显
之；恶则理当恶（一作怒），彼自绝于理，故五刑五
用。曷尝容心喜怒于其间哉？……（《二程全书·遗书
第二上·二先生语二上》。吕与叔东见二先生语。未注
明谁语。牟先生断定，自系明道语无疑。）

　　明道的意思是，天道流行，表现在人的层次，自然而
然能够辨善恶，"后天而奉天时"，此是先天后天一起贯下
来的。修养工夫到顶，自然没有扞格，故他说：

　　尝谓以心知天，犹居京师往长安。但知出西门，
便可到长安。此犹是言作两处。若要至诚，只在京师，
便是到长安，更不可别求长安。只心便是天，尽之便
知性，知性便知天。当处便认取，更不可外求。（同
上。未注明谁语。《宋元学案·明道学案》列有此条。
自是明道语。）

又说：

"穷理尽性以至于命"，三事一时并了，元无次序。不可将穷理作知之事。若实穷得理，即性命亦可了。（同上。此条下注一"明"字，示为明道语。）

以上所引，大多为吕与叔与刘质夫所录，思想互相融贯，事至显然，明道不是那种向外格物穷理渐教形态的思路。这与明道答横渠问所写的《定性书》的思想也是完全一致的，兹节录其要点如下：

承教谕：以定性未能不动，犹累于外物。此贤者虑之熟矣，尚何俟小子之言？然常思之矣，敢贡其说于左右。

所谓定者，动亦定，静亦定，无将迎，无内外。苟以外物为外，牵己而从之，是以己性为有内外也。且以性为随物于外，则当其在外时，何者为在内？是有意于绝外诱，而不知性之无内外也。既以内外为二本，则又乌可遽语定哉？

夫天地之常，以其心普万物而无心。圣人之常，以其情顺万事而无情。故君子之学，莫若廓然而大公，物来而顺应。

圣人之喜，以物之当喜。圣人之怒，以物之当怒。

是圣人之喜怒不系于心而系于物也。是则圣人岂不应于物哉？乌得以从外者为非，而更求在内者为是也。今以自私用智之喜怒，而视圣人喜怒之正为何如哉？夫人之情，易发而难制者，惟怒为甚。第能于怒时，遽忘其怒，而观理之是非，亦可见外诱之不足恶，而于道亦思过半矣。（下略）（《二程全书·明道文集》卷三）

这是明道的少作，但却是成熟之作。自本心性体朗现而言大定，牟先生指出，其通篇皆就心言，言"定性"者略辞耳。[34] 而明道对"形而上的本心"之体证，较横渠更为显豁。但明道言"生之谓性"，谓告子言是，又不免引生误解，其实他并不是告子的意思，其言曰：

"生之谓性"，性即气，气即性，生之谓也。人生气禀，理有善恶。然不是性中元有此两物相对而生也。有自幼而善，有自幼而恶，是气禀有然也（"有然"一作"自然"）。善固性也，然恶亦不可不谓之性也。盖"生之谓性""人生而静"以上不容说，才说性时，便已不是性也。凡人说性，只是说"继之者善也"，孟子言人性善是也。夫所谓"继之者善也"者，犹水流而

34　参牟宗三：《心体与性体》，第二册，页235。

就下也。皆水也。……清浊虽不同，然不可以浊不为水也。如此则人不可以不加澄治之功。……水之清，则性善之谓也。故不是善与恶在性中为两物相对，各自出来。此理天命也。顺而循之，则道也。循此而修之，各得其分，则教也。自天命以至于教，我无加损焉。（下略）（《二程全书·遗书第一·二先生语一》。端伯传师说。未注明谁语。《宋元学案·明道学案》列有此条。朱子亦以此为明道语，是。）

对明道来说，个体的生命离不开气，故性即气，气即性，而有所谓气禀。在这个层面自然理有善恶。但回到创生的天理的源头，明道乃借用《乐记》"人生而静"一语，指明这已进入超乎言诠的形而上领域，不能再说善恶，甚至连"性"字都不能说。而《易·系辞》上曰："一阴一阳之谓道，成之者性也，继之者善也。"在于穆不已的天道创生的过程中，阴阳气化流行，个体形成，乃有所谓气禀。虽善恶皆天理，然顺之则易，"夫所谓继之者善也者，犹水流而就下也"。故孟子言性善，是也。明道所宣说的，正是我所谓的"两行之理"。[35]超越一行，内在一行。在超越的层面，百理俱备，原无少欠，怎说得存亡加减。在内在的层面，则君子以自强不息，不以成败论英雄，循理而作，

自然廓然而大公，物来而顺应，如明道所称赞的横渠《西铭》所谓"存吾顺事，殁吾宁也"。

最后我们要看一看明道著名的《识仁篇》：

> 学者须先识仁。仁者浑然与物同体。义礼智信皆仁也。识得此理，以诚敬存之而已。不须防检，不须穷索。若心懈，则有防。心苟不懈，何防之有？理有未得，故须穷索。存久自明，安待穷索？
>
> 此道与物无对。大，不足以明之。天地之用皆我之用。孟子言"万物皆备于我"，须"反身而诚"，乃为大乐。若反身未诚，则犹是二物有对，以己合彼，终未有之，又安得乐？《订顽》意思，乃备言此体。以此意存之，更有何事？
>
> "必有事焉而勿正，心勿忘，勿助长"，未尝致纤毫之力。此其存之之道。若存得，便合有得。盖良知良能元不丧失。以昔日习心未除，却须存习此心，久则可夺旧习。此理至约，惟患不能守。既能体之而乐，亦不患不能守也。（《二程全书·遗书第二上·二先生语二上》。吕与叔东见二先生语。此条下注一"明"字，示为明道语。）

《识仁篇》为后人给的篇名，朱子以其乃地位高者之事，故《近思录》不录，其心态之不契如此。牟先生曾总括明道言仁之纲领如下：

一、"仁者浑然与物同体""仁者以天地万物为一体，莫非己也"。

二、"医书言手足痿痹为不仁，此言最善名状"。

三、"学者识得仁体，实有诸己，只要义理栽培"。

四、"切脉最可体仁""观鸡雏，此可观仁""观天地生物气象"。

五、"万物之生意最可观，此元者善之长也，斯所谓仁也"。[36]

明道最喜用譬喻以指点仁，依他的方式，只可以内在体证的方式去践仁。仁是要超脱字义训诂之方式来了悟。回归孔子，乃是从生活实例上"能近取譬"来指点仁之实义，来开启人之不安、不忍、愤悱、不容之真实生命。仁甚至亦不是一固定的德目，不能为任何德目所限定。它是感通之无隔，觉润之无方。而觉润即含创生，道德创造之真几，健行不息，纯亦不已，亦即是一切德之总根源，故为全德。仁心、仁体即与"维天之命于穆不已"之天命流行之体会而为一，主客观合一，是之谓"一本"。

这是朱子不能相契之思路。故世所谓程朱，乃是伊川、朱子，不能把明道包括在里面。朱子把伊川开启的思路发展完成，故是伊川之功臣。牟先生也曾总括伊川言仁之纲

36　牟宗三：《心体与性体》，第三册，页231。

领如下：

一、"爱自是情，仁自是性。"

二、"仁之道，要之，只消道一公字。公即是仁之理，不可将公便唤作仁。公而以人体之，故为仁。"

三、"仁是性也，孝弟是用也。性中只有仁义礼智四者，几曾有孝弟来？"

四、"心生道也。有斯心，斯有是形以生。恻隐之心，人之生道也。"

五、"心是所主言，仁是就事言。""心譬如谷种，生之性便是仁也。"[37]

伊川的思路是抽象的、分解的，这才是朱子相契的思路，他把伊川"仁性爱情"之说进一步发展成一个心、性、情的三分架局。此是后话，暂时按下不提，现仍回到伊川思想之理解。伊川少明道一岁，两兄弟论学极相得，伊川对老兄推崇备至，故年轻时每以程伯子马首是瞻。但他迟死了22年，思想的表达有他自己十分不同的特殊的风格。然而有趣的是，他从来不觉得自己的思想与老兄有什么重大的差异，也从来没感觉明道的思想过高，像朱子所谓"明道说话浑沦，学者难看"。故二程语录留下所谓"二先生语"，大部分根本没有分别开来，一直要到牟先生，才能够真正在二者之间做出明白的分疏。仁是生道，这是共法，

37　牟宗三：《心体与性体》，第三册，页231—232。

两兄弟确无异议。但细按下去，实有思想与体验上巨大之差异。

我们先由理、气说起。对于伊川来说，仁是性（理），而爱是情（气）。理气二者的关系不即不离，理恒常而气变化，二者在现实中虽不可分，在概念上却必须加以分疏。明道虽也划分形上、形下，但道即器，器即道，二者乃一体之两面。伊川却将理气分属两层，理论效果乃大不相同。他说：

> "一阴一阳之谓道"，道非阴阳也，所以一阴一阳道也。如一阖一辟之谓变。（《二程全书·遗书第三·二先生语三》。谢显道记伊川先生语。）

又说：

> 离了阴阳更无道。所以阴阳者是道也。阴阳气也。气是形而下者，道是形而上者。形而上者则是密也。（《二程全书·遗书第十五·伊川先生语一》。）

"所以阴阳者是道也"，这是伊川特有的说法，此"所以然"是对于阴阳气化之"然"所作的存在论的解析。对于伊川来说，实际变化的是气，而伊川对于气化过程之生生不已，有他自己的看法。他说：

凡物之散，其气遂尽，无复归本原之理。天地间
如洪炉，虽生物，销铄亦尽。况既散之气，岂有复
在？天地造化又焉用此既散之气？其造化者自是生气。
至如海水潮，日出则水涸，是潮退也。其涸者，已无
也。月出，则潮水生也，却非是将已涸之水为潮。此
是气之终始。开阖便是易。一阖一辟谓之变。（同上）

　　由此可见，气化对于伊川来说，是个不断生灭变化的
过程。他又说：

　　近取诸身，百理皆具。屈申往来之义只于鼻息之
间见之。屈申往来只是理。不必将既屈之气复为方申
之气。生生之理自然不息。如复言七日来复，其间元
不断续。阳已复生，物极必反。其理须如此。有生便
有死。有始便有终。（同上）

　　这里需要注意的是，此言"理"是虚位字。顺着伊川
的思路，要说屈伸往来之"理"，所以生生之"理"，才是
有超越意义的形而上之道，此是"实理"之理，是实位字。
乃是在"生理"的规定之下，气化生灭不已，无有尽时。
　　由天地之化讲到人性之成，二程在原则上都接受横渠
天地（义理）之性与气质之性的分别，简言之，前者是
"性"，后者是"气"，所谓："论性不论气不备，论气不论

性不明。"(《二程全书·遗书第六·二先生语六》。未定谁语。)但伊川有进一步的发挥,他说:

> 性即理也,所谓理性是也。天下之理,原其所自未有不善。喜怒哀乐之未发何尝不善?发而中节,则无往而不善。发不中节,然后为不善。故凡言善恶皆先善而后恶,言是非皆先是而后非,言吉凶皆先吉而后凶。(《二程全书·遗书第二十二上·伊川先生语八上》。伊川杂录,唐棣编。)

此条明标出"性即理也"之语,超越之理本无不善,表现成为对偶性,顺理亦是先善而后恶。他又说:

> 气有善有不善,性则无不善也。人之所以不知善者气昏而塞之耳。孟子所以养气者,养之至,则清明纯全,而昏塞之患去矣。或曰养心,或曰养气,何也?曰:养心则勿害而已。养气则在有所师也。(《二程全书·遗书第二十一下·伊川先生语七下》)

由此而言气禀:

> 问:人性本明,因何有蔽?曰:此须索理会也。孟子曰人性善是也。虽荀、扬亦不知性。孟子所以独

出诸儒者，以能明性也。性无不善，而有不善者才也。性即是理，理则自尧、舜至于途人一也。才禀于气。气有清浊。禀其清者为贤，禀其浊者为愚。（下略）（《二程全书·遗书第十八·伊川先生语四》）

汉儒只知气，故不知性，孟子知性，方可以道性善，宋儒继承的正是孟子的线索。但伊川以才有不善，这不合于《孟子》的文本，因孟子明言"非才之罪"也（《孟子·告子上》）。伊川又曰：

性出于天，才出于气。气清则才清，气浊则才浊。譬犹木焉，曲直者性也，可以为栋梁，可以为榱桷者才也。才则有善与不善，性则无不善。惟上智与下愚不移，非谓不可移也，而有"不移"之理。所以不移者，只有两般：为自暴自弃，不肯学也。使其肯学，不自暴自弃，安得不可移哉？（《二程全书·遗书第十九·伊川先生语五》）

伊川取儒家立场，气禀虽造成差异，但反对定命论，强调"学"的重要。此处言不移之"理"，语气过重，应说有不移之"故"，比较妥当。既讲到修养工夫，则必由性说到心。先看伊川的一般了解，他说：

性之本谓之命，性之自然者谓之天，性之有形者谓之心，性之有动者谓之情。凡此数者皆一也。(《二程全书·遗书第二十五·伊川先生语十一》)

这里"皆一也"并非明道"一本"之义。性既赋形，则心、性、情三者有别，却作为一体而运作，已指向朱子的三分架局。伊川又说：

心具天德。心有不尽处，是天德处未能尽，何缘知性知天？尽己心则能尽人尽物，与天地参，赞化育。赞则直养之而已。(《二程全书·遗书第五·二先生语五》。未定谁语。《宋元学案》列于《伊川学案》。)

明道曰"只心便是天"，此处言"心具天德"，似有精微的差别。伊川曰：

理与心一，而人不能会之为一。(同上，未定谁语。)

"理与心一"，意思是理与心本应合一，而事实上人常不能会之为一。心顺理，理内在于心，即为理与心合一；心不顺理，即为不合一。此"合一"预设心理为二，为

"关联的合一"，牟先生断为伊川语，然也。[38]

现在我们可以回到伊川对仁的理解。

> 问：仁与心何异？
>
> 曰：心是所主言，仁是就事言。
>
> 曰：若是，则仁是心之用不？
>
> 曰：固是。若说仁者心之用，则不可。心譬如身，四端如四肢。四肢固是身所用，只可谓身之四肢。如四端固具于心，然亦未可便谓之心之用。
>
> 或曰：譬如五谷之种，必得阳气而生。
>
> 曰：非是。阳气发处却是情也。心譬如谷种，生之性便是仁也。（《二程全书·遗书第十八·伊川先生语四》）

牟先生认为此条所说于伊川之义理系统有决定性之作用。[39]"心是所主言"，就是"心做主"的意思。"仁是就事言"，乃就事之发用而说仁。但依伊川，恻隐之心或爱之情并不就是仁，乃是由之以见仁者，其所以然之理。四端是分说。心譬如谷种，其中具生之理是性，阳气发生处是情。伊川"性即理也"一语与横渠"心统性情"一语后即为朱子之所宗，而有进一步之发扬也。至于伊川说："性中

---

38 牟宗三：《心体与性体》，第二册，页336—337。
39 牟宗三：《心体与性体》，第二册，页340—342。

只有仁义礼智四者，几曾有孝弟来？"（同上）乃是故作
险语，如果了解他的思路，也就不足为怪了。伊川讲修养
工夫，语多分析。譬如他和吕与叔、苏季明讨论中和，反
对说"中即性也"，而认为"中也者所以状性之体段"，故
只能说："喜怒哀乐未发是言在中之义。"这里面牵涉的问
题甚为复杂，牟先生有十分详细的分析与讨论，此处不赘，
只引他的结论作为参考之用：

> 伊川虽有如许之纠结颠倒，不明澈，然其实义自
> 可见。而于纠结、颠倒、不明澈中，亦自有其确定而
> 明澈者。此确定而明澈者为何？曰：
> 一、以其严肃之道德意识肯定一超越之实理是
> 也；
> 二、"性即理"是也；
> 三、心是实然的心气之心是也；
> 四、"中"只收缩于此实然的心就其不发未形而说
> 是也；
> 五、"涵养须用敬，进学在致知"之后天渐教工夫
> 是也。[40]

我大体接受牟先生这样的论断。这里最关键的是，伊

40　牟宗三：《心体与性体》，第二册，页381。

川不像明道那样在形上层面讲心、性、天是一，而是在经验实然层面讲心通过修养与理合一。而修养在伊川有两个面相，所谓："涵养须用敬，进学则在致知。"（《二程全书·遗书第十八·伊川先生语四》）它们的重要性被朱子比作车之两轮，鸟之双翼。伊川的意思是，无事时涵养，喜怒哀乐之未发，一样可以做修养工夫，"切要之道无如'敬以直内'"。（同上）"或曰：敬何以用功？曰：莫若主一。"（同上）有事时则须当集义：

> 问："必有事焉"当用敬否？
>
> 曰：敬只是涵养一事。"必有事焉"，须当集义。只知用敬，不知集义，却是都无事也。
>
> 又问：义莫是中理否？
>
> 曰：中理在事，义在心内。苟不主义，浩然之气从何而生？理只是发而见于外者。且如恭敬，……虽……发见于外，然须心有恭敬，然后着见。若心无恭敬，何以能尔？所谓德者，得也。须是得于己，然后谓之德也。
>
> 问：敬义何别？曰：敬只是持己之道，义便知有是有非。顺理而行，是为义也。……
>
> 又问：义只在事上如何？
>
> 曰：内外一理，岂特事上求合义也？"敬以直内，义以方外"，合内外之道也。（同上）

牟先生以伊川转明道之纵贯思路为横列思路，由"心理学地道德的"进而为"认知地道德的"，致知而益之以格物穷理，乃为"泛认知主义"之思想，仅能成就一"他律"道德。[41]此则不免引起争议，且让我们先弄明白伊川的意思，然后才做出分析与评论。伊川曰：

> 知者吾之所固有，然不致，则不能得之。而致知必有道，故曰："致知在格物。"（《二程全书·遗书第二十五·伊川语十一》）
>
> 闻见之知非德性之知。物交物，则知之非内也。今之所谓博物多能者是也。德性之知不假见闻。（同上）
>
> ……格犹穷也，物犹理也，犹曰穷其理而已矣。穷其理，然后足以致之。不穷则不能致也。格物者适道之始。欲思格物，则固已近道矣。是何也？以收其心而不放也。（同上）
>
> 格物穷理非是要穷尽天下之物，但于一事上穷尽，其他可以类推。……所以能穷者，只为万物皆是一理。至如一事一物，虽小，皆有是理。（《二程全书·遗书第十五·伊川先生语一·入关语录》）
>
> 致知在格物。格物之理，不若察之于身，其得尤

41　牟宗三：《心体与性体》，第二册，页390、398、403。

切。(《二程全书·遗书第十七·伊川先生语三》)

　　穷理尽性至命只是一事。才穷理便尽性，才尽性便至命。(《二程全书·遗书第十八·伊川先生语四》)

　　理也，性也，命也，三者未尝有异。穷理则尽性，尽性则知天命矣。天命犹天道也。以其用而言之，则谓之命。命者造化之谓也。(《二程全书·遗书第二十一下·伊川先生语七下》。附师说后。)

　　从文献上看，伊川把《易》《庸》接通到《大学》，这是事实。《大学》是儒家的典籍，宋儒作了这种拓展，当然是可以容许的。而伊川所成就的是一渐教形态，这也是言之有据的。但牟先生以之为一种"泛认知主义"的思想与"他律道德"，他的用语有其十分特殊的含义，不同于一般的理解，不加说明，很容易引发严重的误解，故我们有必要正视这一问题。就现代西方流行的思想而言，逻辑实证论（logical positivism）主张，有认知意义（cognitive meaning）者，不外逻辑、数学一类的形式科学与实证经验科学二者。[42] 后者属于闻见之知的领域。而伊川明言，他讲的是德性之知，非闻见之知。故牟先生讲的"泛认知主义"与西方流行的"认知主义"之重视经验实证的知识没有任何关系。伊川是以致知、格物、穷理的方式去体证性

---

42 Cf. A. J. Ayer, *Language, Truth and Logic* (London: Victor Gollancz, rev. ed., 1946).

命之理，不可望文生义，漫加比附。牟先生又限定只有如明道那样直接由本体论的方式去体证他所谓即活动即存在的本体，才是"自律道德"，这也不符合西方哲学一般对于此词之理解。在西方哲学的传统，由苏格拉底以来，倡导"唯智主义的伦理学"（intellectualistic ethics），人依照真理（truth）行所当为（virtue for virtue's sake），就是"自律道德"。行德的目的为了德性以外的快乐、功利，才是"他律道德"。照牟先生的说法，康德（Immanuel Kant）依于基督教的传统，不能肯定"智的直觉"，那么岂不是连康德也不是"自律道德"，这是西方人没法理解的观念。而伊川的渐教，修养到了一个阶段，就会有一异质的跳跃，终于体证到"穷理尽性至命只是一事"，这是一种"悟"，并不是经验知识积累的结果。由此可见，伊川所教仍是圣学的一个分支，虽然牟先生认为他还有一间之隔，也不能否定他在这门学问所下的功夫和造诣。而伊川在主观上，显然并不认为他的渐教和他老哥的顿教有什么本质上的矛盾冲突。二者殊途同归，由渐教之路悟入，也可以到达十分圆融的境地。伊川曰：

> 天地之间只有一个感与应而已，更有甚事？（《二程全书·遗书第十五·伊川先生语一》）

> 冲穆无朕，万象森然已具。未应不是先，已应不是后。如百尺之木，自根本至枝叶皆是一贯。不可道

上面一段事无形无兆，却待人旋安排，引入来教人涂辙。既是涂辙，却只是一个涂辙！（同上）

寂然不动，感而遂通，此已言人分上事。若论道，则万理皆具，更不说感与未感。（同上）

寂然不动，万物森然已具。感而遂通，感则只是自内感，不是外面将一件物来感于此也。（同上）

由这些引文可以看到伊川对于一贯之道的体证。讲伊川思路的麻烦是，他长期受老哥思想的影响与熏陶，确有一些近乎一本、圆融的表达，但其实是一条不同的思路。而有些思想还想得不够明澈，要待朱子来发展完成。

胡五峰与朱元晦

依牟先生的看法，北宋三家由濂溪、横渠到明道，通贯《易》《庸》以至《论》《孟》，已有相当圆融的表达，但伊川异军突起，开启了一条不同的线索。明道的思想，通过谢上蔡的"以觉训仁"，影响到湖湘学派。胡安国（文定）与上蔡谊在师友之间，但用心在《春秋》，未专着力于内圣之学，然还是有一些观念影响季子胡宏（五峰），武夷家学所谓"卒传其父之学"是也。五峰曾受学于杨龟山、侯师圣，但有他自己的思想。宋室南渡，《宋元学案·五峰学案》有全祖望案语曰："绍兴诸儒，所造莫出五峰之

上。其所作《知言》，东莱以为过于《正蒙》，卒开湖湘之
学统。"张栻（南轩，1133—1180）就是他最著名的弟子，
可惜对于乃师的学问缺乏深切的了解。朱子思想未成熟时，
曾向南轩请教衡山之学，后来乃加以排击，与湖湘学者展
开激烈的争辩，而南轩未能卫护师说，牟先生谓其常随着
朱子之脚跟转，其后此学终于式微，可憾也。史学家田浩
指出，和朱熹同辈的南轩、吕东莱均早逝，造成朱子一枝
独秀的地位，这对于道学的发展造成了决定性的影响。[43] 张
栻逝世，后人请朱子编张栻集，朱子却删除了其少作，如
今已无法还原出思想史的真相。而五峰最重要的著作《知
言》，南轩在世之日，朱子已着手加以修改，部分还得到南
轩的同意。显然今本已非原貌。《宋元学案》征引了《胡子
知言》的部分论述，以及经朱子修改过之后并加以严厉批
评的《知言疑义》。后世由于崇信朱子的权威，对于五峰乃
完全加以漠视。[44] 而牟先生独具只眼，由这些有限的材料，
看到五峰思想自成一个形态，有其特别的意义和重要性，
牟先生断定五峰思想是一"尽心成性"的形态。[45] 五峰曰：

43　参田浩：《朱熹的思维世界》（台北：允晨文化，1996）。

44　在英文世界中，标准教科书，如冯友兰《中国哲学史》（Yu-lan Fung, *A History of Chinese Philosophy*, 1952—1953），陈荣捷《中国哲学资料书》（Wing-tsit Chan, *A Source Book in Chinese Philosophy*, 1963）均不及于胡宏。我因受到牟先生影响，才建议《剑桥哲学辞典》（The Cambridge Dictionary of Philosophy, 1995）加上了胡宏（Hu Hung）的条目。牟先生手头无《胡宏集》，顺着《宋元学案》重组的线索加以分疏，并无碍于他对胡宏的思想有相应的了解与鞭辟入里的分析。

45　牟宗三：《心体与性体》，第二册，页476。

道充乎身，塞乎天地，而拘于墟者不见其大；存乎饮食男女之事，而溺于流者不知其精。诸子百家亿之以意，饰之以辩，传闻习见蒙心之言，命之理，性之道，置诸茫昧而已矣。悲夫！此邪说暴行所以盛行，而不为其所惑者鲜矣。然则奈何？曰：在修吾身。

　　夫妇之道，人丑之矣，以淫欲为事也。语曰：乐而不淫，则得性命之正矣。谓之淫欲者，非陋庸人而何？天得地而后有万物，夫得妇而后有男女，君得臣而后有万民，此一之道也，所以为至也。

　　这是"即事以明道"，即"内在"而体现"超越"（天道）的思路。"道"之一词是综言，分解言之，则客观地说是性命，主观地说是心。五峰曰：

　　天下莫大于心，患在于不能推之耳；莫久于心，患在于不能顺之尔；莫成于命，患在于不能信之尔。不能推，故人物内外不能一也。不能顺，故死生昼夜不能通也。不能信，故富贵贫贱不能安也。

　　心者形著原则也，所以体现道者也，此点出"心"之重要性。对五峰来说："气之流行，性为之主。性之流行，心为之主。"性为客观性原则、自性原则，故莫尊于性。心是形著原则，心之体现才能让性体彰显而真实化具体化。

"气之流行"是实说，实有气变其事也。"性之流行"犹天理流行，"于穆不已"之天命流行，虽动而静，虽静而动，与"气之流行"并不在同一层面上。五峰进一步的阐发曰：

> 有而不能无者，性之谓与？宰物不死者，心之谓与？感而无自者，诚之谓与？往而不穷者，鬼之谓与？来而不测者，神之谓与？

这里讲的是本性，本心。性体为即活动即存在之实体。心为物之主宰，物物而不物于物。故心永恒常在，无生无灭，通死生、昼夜、幽明而无尽，亦不失其灵昭之自体者也。但"不死"一词过凿，不免启人疑窦。由心之形著而言"诚"，接上了《中庸》的线索。鬼神不测是指点神体之妙用。此处不可误解为自然之气化过程。天人感通，故五峰曰："仁者，人所以肖天地之机要也。"宋儒一贯以仁为生道。由这而接上工夫论。五峰曰："万物皆性所有也。圣人尽性，故无弃物。"万物皆性所有是就客观说，圣人尽性是就主观说。心既是形著原则，乃也可以引申说，心体物不遗。顺着明道开发的思路，五峰曰："性定则心宰，心宰则物随。"这些都不难索解。但朱子却不契于这样的思路，对《知言》的一些最具特色的主要论点莫不提出质疑，还得到南轩、东莱的附和，编成了《知言疑义》。

有趣的是，朱子的排击固然造成五峰之学在身后长期被漠视的命运，却在当代找到了牟先生这样的知音，逐条把朱子反驳回去，恢复五峰不为人解的睿识。以下就顺着这一条线索加以探索：

《知言》曰：天命之谓性。性，天下之大本也。尧、舜、禹、汤、文王、仲尼六君子先后相诏，必曰心而不曰性，何也？曰：心也者，知天地宰万物以成性者也。六君子尽心者也，故能立天下之大本。人至于今赖焉。不然，异端并作，物从其类而瓜分，孰能一之？

这一段正式提出"尽心成性"的说法。"成性"是形著之成，非"本无今有"之成。朱子不契此义。他的质疑是，依他的理解，尽心知性者，致知格物之事；存心养性者，诚意正心之事；夭寿不贰，修身以俟之者，修身以下之事也，有一定次序。他又指出，程子尽心知性，不假存养，其唯圣人乎，其意也指夫始条理者而为言，非便以尽心二字就功用上说也。这是质疑五峰所谓"心以用尽"的见解。但牟先生指出，朱子解《孟子·尽心章》谓："知性则物格之谓，尽心则知至之谓也。"则尽心是由于知性，根本倒转了孟子原来的次序，并非正解。牟先生进一步指出，依孟子，"尽心"之尽，是道德地尽，非认知地尽，即充分实现或体现之意，扩充之意，非格物穷理之意。五峰此处言"尽心"以"成（形著）性"，并不悖孟子之意，反而朱子说"尽心"，是认知地尽，非孟子原意：

《知言》曰：天理人欲同体而异用，同行而异情。进修君子宜深别焉。

朱子以此章亦"性无善恶"之意，乃感到未安。他认为胡子之言盖欲人于天理中拣别得人欲，又于人欲中便见得天理；其意甚切，然不免有病者，盖既谓之"同体"，则上面便"人欲"两字不得。我们首先要指出的是，胡子所谓"性无善恶"，是"性超善恶"之意，朱子明显有所误解。胡子既言"性，天下之大本也"，则其有本可知。唯此段不是分解地言本体本身，而是着重于在"尽心"中言道体之表现，决不会如朱子所言"天理人欲混为一区"。再进一步分疏，"同体异用"字面上虽用"体"、"用"二字，但并不是普通所说的"体用"。此处之"体"是"事体"之体，"用"是表现之用。同一事体，溺则为人欲，不溺为天理。同一事也（同体），而所以表现此事者则大异（异用）。胡子是"即事见理"的警策之语，并非朱子所谓"于天理中拣别得人欲，于人欲中便见得天理"那样，成为客观的平铺肯断。"同行异情"与"同体异用"是同义语，不烦再辩：

《知言》曰：好恶，性也。小人好恶以己，君子好恶以道。察乎此，则天理人欲可知。

此承上段再进一步言之。朱子一口咬定这是"性无善恶"之意，若果如此，则性但有好恶，而无善恶之则矣。这是全然的误解。胡氏由好恶说性，是由好善恶恶说性体之至善。这是超越善恶相对之至善，不能误解作中性意义之"无善恶"，否则性焉能为天下之大本？君子、小人之别正是天理人欲同体异用、同行异情之具体表示：

《知言》曰：心无不在，本天道变化，为世俗酬酢。参天地，备万物。心之为道至大也，至善也。放而不知求，耳闻目见为己蔽，父子夫妇为己累，衣裳饮食为己欲。既失其本矣，犹皆曰我有知，论事之是非，方人之长短，终不知其陷溺者，悲夫！故孟子曰：学问之道无他，求其放心而已矣。

此段言心之遍在性，体物不遗之义，所讲的是"本心"。但朱子却缺乏这样的理解，他质疑说"本天道变化，为世俗酬酢"两句有病，其言曰：

圣人下学而上达，尽日用酬酢之理，而天道变化行乎其中耳。若有心要本天道以应人事，则胸次先横了一物，临事之际，着意将来把持作弄，而天人之际终不合矣。

朱子的渐教心态，不明白"本心"之无外。五峰回归孟子，本心之发，沛然莫之能御，从陷溺之中，求其放失之心而尽之，这有何过患？朱子偏有一些不相应的忌讳，并不称理。他批评横渠的《大心篇》，也展示了类似的忌讳，此处不赘：

> 或问性。曰："性之者，天地之所以立也。"曰："然则孟轲氏、荀卿氏、扬雄氏之以善恶言性也，非欤？"曰："性也者，天地鬼神之奥也，善不足以言之，况恶乎哉？"或又曰："何谓也？"曰："某闻之先君子曰：孟子所以独出诸儒之表者，以其知性也。某请曰：何谓也？先君子曰：孟子道性善云者，叹美之辞也，不与恶对。"

这是点明"性"之超善恶相对相。五峰这种说法来自家传，也可上溯到明道。朱子却以告子"性无善恶"之中性义视之，误矣！朱子将胡文定的说法上溯到龟山、东林常总（《朱子语类》卷一〇一），似为明道讳，不了解明道之一本确有超乎言诠之一境，乃以之为过高，缺乏相应之理解：

或问：心有死生乎？曰：无死生。曰：然则人死，其心安在？曰：子既知其死矣，而问安在耶？或曰：何谓也？曰：夫唯不死，是以知之，又何问焉？或者未达。胡子笑曰：甚哉子之蔽也。子无以形观心，而以心观心，则知之矣。

此段言心无生死即"心无不在"之义，亦本前文"天下莫大于心，……莫久于心"以及"宰物不死"而来。心体永恒遍在，无出入，无存亡。心只有隐显，并无生灭。"操则存"即显，"舍则亡"即隐。这是就人的修养言，不是就存在言。中国传统无个体"灵魂不灭"的说法。儒家断定"仁体物不遗"，本心即仁心，此纯是道德践履上心体之无外，并无存在论意涵。但朱子的质疑却说：

心无生死，则几于释氏轮回之说矣。天地生物，人得其秀而最灵。所谓心者，乃虚灵知觉之性，犹耳目之有见闻耳。在天地，则通古今而无成坏；在人物，则随形气而有始终。知其理一而分殊，则亦何必为是心无死生之说，以骇学者之听闻乎？

朱子最不能接受五峰之思想，除"性无善恶"外，就是"心无死生"，故加以抨击。但轮回之说是不相干的比附，因轮回是"识心"，正是有生灭，非"本心"永恒遍在之义也。而朱子以"形气之虚灵知觉"言心，这是经验主义、实在论的进路，未能正视道德上之应然义与超越义。而南轩竟也附和朱子，谓此章当删去，与乃师思想之暌隔，其未能善继衡山之学，明矣。湖湘学脉之趋于式微，自然之势也：

> 《知言》曰：彪居正问：心无穷者也，孟子何以言尽其心？曰：惟仁者能尽其心。居正问为仁。曰：欲为仁，必先识仁之体。曰：其体如何？曰：仁之道弘大而亲切，知者可以一言尽，不知者虽设千万言亦不知也；能者可以一事举，不能者虽指千万事亦不能也。曰：万物与我为一，可以为仁之体乎？曰：子以六尺之躯，若何而能与万物为一？曰：身不能与万物为一，心则能矣。曰：人心有百病一死，天下之物有一变万生，子若何而能与之为一？居正竦然而去。他日某问曰：人之所以不仁者，以放其良心也。以放心求心可乎？曰：齐王见牛而不忍杀，此良心之苗裔，因利欲之间而见者也。一有见焉，操而存之，存而养之，养而充之，以至于大，大而不已，与天同矣。此心在人，其发见之端不同，要在识之而已。

牟先生以此为一种"逆觉"工夫。逆觉即反而觉识之、体证之之义。五峰是"内在的体证"的形态，言即就现实生活中良心发见处直下体认而肯认之以为体之谓也。湖湘学派所谓"先察识而后涵养"的意思是，先识仁之体，此是逆觉体证事。朱子误解"察识"为动察，察识情之已发，这是完全不同的义理间架。朱子乃批评五峰"不事涵养，先务知识"，根本缺乏相应的理解。他反倒以五峰为支离，批评他"于其本源全体未尝有一日涵养之功，便欲扩而充之，与天同大，愚窃恐无是理也"。最奇怪的是南轩竟然附和朱子的说法谓："必待识仁之体而后可以为仁，不知如何而可以识也？"真可谓愧对其师矣。

朱子总结他对五峰的批评曰：

> 《知言》疑义大端有八：性无善恶，心为已发，仁以用言，心以用尽，不事涵养，先务知识，气象迫狭，语论过高。（《语类》卷一〇一）

牟先生乃反批朱子，谓如能真正把握到《知言》之睿识，乃知此八端无一中肯。他阐释《知言》大义，其精切而扼要者也有八条，[46] 此处不赘。牟先生以五峰为南渡后第一个承北宋三家尤其是明道而重新消化反省者。"形著"义自五峰正式言之，成一独特之义理间架。惜乎音响辄歇，不只朱子、南轩不解，五峰门人如胡广仲、胡伯逢、吴晦

---

46 牟宗三：《心体与性体》，第二册，页 503—505。

叔等人虽不以朱子《知言疑义》为然，亦未见有能继承五峰此义而自立者也。依牟先生之见，一直要到明末刘蕺山才又言"形著"义，此盖是不谋而合，蕺山从未一提胡五峰也。牟先生坦承此一独特之义理间架之不易为人所认识，即蕺山本人未必能自觉到其所言之形著义在系统上之独特。[47] 我自己的看法是，就哲学之视域言，牟先生发人所未发，的确可以言之成理，对我们有重大的启发。就思想史之视域言，即牟先生自承，五峰与蕺山本人也未必能真自觉其义理间架之独特，当然更无法像牟先生那样能够做出如此清澈、确定的表达。这表示里面有很大的诠释空间，此所以我对他的三系说采取一保留的态度。我认为这些无须亟亟做成定论，学者还要多费一些劲做研究，才能恢复当时思想史的真实面貌。

至于朱子，中国大陆"文革"时期被贬斥为反动学术权威，但改革开放以后有了完全不同的命运。1982 年大陆学者首次应邀出国到夏威夷参加国际朱子会议，盛况空前。如今朱子学在海内外均成为显学，堪称异数。朱学论著真可谓汗牛充栋，我自己有专著论朱子哲学思想的发展与完成，[48] 此处只能作一简单撮述。我研究朱熹，必详细追溯

47　牟宗三：《心体与性体》，第二册，页 512。
48　参拙著：《朱子哲学思想的发展与完成》（台北：台湾学生书局，初版，1982；修订再版，1984；增订三版，1995）。此书出版后分赠出席国际朱子会议学者，以至我被视为朱子哲学研究的专家。陈荣捷先生逝世后，英文的百科全书与辞典每邀请我撰写朱熹的条目。譬如 2003 年由 Routledge 出版的 *Encyclopedia of*（转下页）

他苦参中和的经过，才能显出他的学术的特色。朱子强探力索，他的思想架局规模宏大，当然他对形而上学、宇宙论、伦理学都有他的见解。但他不像西方正统亚里士多德的哲学，先建立有普遍性的形而上学的架构，讨论"存在"（being）问题，然后才讲"生成变化"（becoming），最后才谈人存在，由纯粹的知识下降到具体的实践问题，关注到道德伦理价值的规范。与此相反，朱子所继承的儒家哲学传统，所谓"切问而近思"（《论语·子张第十九》），中心的关注乃是"为己之学"的追求。[49] 朱子的父亲朱松因不附和秦桧而被外调到僻远的福建。他少年时受学于父执刘屏山、刘草堂与胡籍溪三家之门而未得其要。其后才正式拜师李侗（延平，1093—1163），乃是他父亲的同门友，均受学于罗豫章，为二程门人杨龟山的再传弟子。通过延平，朱子才摆脱了佛老的影响而归于圣学。朱子在《延平

_____

（接上页）*Chinese Philosophy*（《中国哲学百科全书》），"Zhu Xi（Chu Hsi）〔朱熹〕"的长条目，就是由我撰写的，见页895—902。陈代湘著《现代新儒学与朱子学》（长沙：湖南人民出版社，2003）以冯友兰、钱穆、牟宗三、刘述先四人为中心，方克立的序说我的书"总结了前辈新儒家的朱子学研究成果，并在此基础上提出了'理一分殊'的睿见"。如果前辈新儒家指的是港台新儒家的话，这样的说法是不错的。因为我无取于冯友兰以新实在论的共相释朱子的理的说法，但结合了钱穆先生《朱子新学案》的考据，与牟宗三先生《心体与性体》的哲学反思，加以融贯然后提出了我自己的统观。大陆的朱子学研究在近年来也有前所未有的成就，中年学者如陈来、束景南的论著均有可观，此处不赘。

49　参《论语》"子曰：'古之学者为己。今之学者为人。'"（《宪问第十四》）"子曰：'君子求诸己。小人求诸人。'"（《卫灵公第十五》）朱子自述其求学之宗旨曰："熹少而鲁钝，百事不及人。独幸稍知有意于古人为己之学，而求之不得其要。"（《朱子文集》卷四十，《答何叔京书》三十二书之第一书）这样才师事李延平，走上了圣学的道路。

行状》所记延平开端示人，据牟宗三先生的总结，大要不过以下四点：

（一）默坐澄心，体认天理。

（二）洒然自得，冰解冻释。

（三）即身以求，不事讲解。

（四）理一分殊，始终条理。[50]

但朱子在延平生时虽用心读圣典，在体证方面却不甚措意。到延平谢世以后，顿触疑情，已乏人开解。乃通过好友张栻探求胡氏学，希望能够得到一些启发。这些年间，朱子苦参由《中庸》首章所言"喜怒哀乐之未发，谓之中；发而皆中节，谓之和"带出来的问题，未得确解。中间朱子曾到衡山拜访南轩，互相切磋，几番反复，乍明乍暗，始终找不到能够让自己安心的答案。简单来说，延平所教为一种隔离的体证，所谓"先涵养而后察识"，这与朱子动察的性格不合，故未加措意。而湖湘之学五峰所教为一种内在的体证，所谓"先察识而后涵养"，表面上与朱子本人的体证相合，故一度加以推许。但很快就感觉得动察之弊在易于躁迫浮露，乃转而追思延平遗教。他放弃了所谓中和旧说，还编了一本小书，把相关的书信留下，存之以见议论本末。可惜此书已失传，后来靠着编《朱子年谱》的王懋竑找出四封信，才多少保留了这一阶段思想发展的

50　牟宗三：《心体与性体》，第三册，页4。

痕迹。到己丑朱子40岁，是年春，与蔡季通言未发之旨，问辨之际，忽然自疑。遂急转直下，而有新说之发端与完成。年谱录有《已发未发说》《与湖南诸公论中和第一书》，以及《答张钦夫（南轩）》等重要文献。

至此朱子才真正接上了伊川的路数，所谓"涵养须用敬，进学则在致知"。如此"静养动察，敬贯动静"，涵养于未发，察识于已发，静动两方面都可以用心做工夫，这样在表面上看，似乎终于吸纳了延平有关涵养的遗教，对治了自己性格上偏向动察的毛病，也匡正了湖湘一派的偏失。至是朱子找到了他自己成熟思想的路数，此后一直谨守此规模，不再有本质性的改变。朱子求道之诚使他不断屡易其说，这是可佩服的；他的强探力索，日后被推许为集大成，也不是偶然的。然而他苦参中和所作出的综合，却不是没有问题的。然而这一直要到牟先生著《心体与性体》，深入反省朱子的思想，才找到问题症结之所在。依牟先生的看法，二程之后做修养工夫，有两条不同的途径，却殊途而同归。一条由龟山到豫章到延平讲默坐澄心，涵养的是中体，并不是空头的涵养，像朱子所说的心静则理明。另一条由上蔡到湖湘学派，五峰讲以心著性，省察是识仁，也不是朱子所了解的动察。两条线索，一重隔离的体证，一重内在的体证，所体现的是中体或仁体，也曰诚体，其实是同一本体，故曰殊途而同归。但这两条线索朱子都凑泊不上，二者均源出明道一本之论，朱子所接上的却是伊川二元对列的架局，并将之进一步发展成为一完整的系统。这由朱子对仁的理解就可以看得清楚明白。

我曾经考定，癸巳朱子44岁时改定《仁说》，这篇文章在朱子思想发展的过程中具有关键的重要性。文章上半直陈己意，其言曰：

> 天地以生物为心者也，而人物之生又各得夫天地之心以为心者也。故语心之德，虽其总摄贯通，无所不备，然一言以蔽之，则曰仁而已矣！请试详之。盖天地之心，其德有四，曰元亨利贞，而元无不统。其运行焉，则为春夏秋冬之序，而春生之气无所不通。故人之为心，其德亦有四，曰仁义礼智，而仁无不包。其发用焉，则为爱恭宜别之情而恻隐之心无所不贯。故论天地之心者，则曰乾元坤元，则四德之体用不待悉数而足。论人心之妙者，则曰仁人心也，则四德之体用亦不待遍举而该。盖仁之为道，乃天地生物之心即物而在。情之未发而此体已具，情之既发，而其用不穷。诚能体而存之，则众善之源，百行之本，莫不在是。此孔门之教所以必使学者汲汲于求仁也。（《朱子文集》卷六十七）

自二程到朱子，以仁为生道是宋儒的共识，而朱子的铺陈吸纳了汉儒的宇宙观，形成了整套的有机自然观，为李约瑟（Joseph Needham）所称道。[51] 文章下半朱子表白他完全同意程子（伊川）"爱情仁性"之说，指出"程子之所诃，以爱之发而名仁者也。吾之所论，以爱之理而名仁者也"。他又对程氏之徒做出分疏，批判了"以万物与我为一为仁之体"与"以心有知觉释仁之名"两种说法，谓："抑泛言同体者，使人含胡昏缓而无警切之功，其弊或至于认物为己者有之矣。专言知觉者，使人张皇迫躁而无沉潜之味，其弊或至认欲为理者有之矣。"这是明批龟山"万物一体"与上蔡"以觉训仁"之流亚，而隐批明道一本的论旨。《仁说》开启了朱子以仁为"心之德、爱之理"的说法，这后面实预设了一个心性情的三分架局，略加申论如下。在论辩仁说时，朱子既撷出伊川"爱情仁性"一语为指导原则，乃自觉地注意到情的问题。这也变成了他对五峰之说不满意的一个根由。他说："旧看五峰说，只将心对性说，一个情字都无下落。"（《朱子语类》卷五）从正面来说，则朱子服膺横渠"心统性情"之说。上引《语类》继续下去有这样的议论：

> 后来看横渠心统性情之说，乃知此话大有功，始寻得个情字着落，与孟子说一般。孟子言：恻隐之心，仁之端也。仁，性也；恻隐，情也，此是情上见得心。

---

51 Cf. Joseph Needham, *Within the Four Seas: The Dialogue of East and West* (George Allen & Unwin Ltd., 1969), pp. 66–68, 181.

又曰：仁义礼智根于心，此是性上见得心。盖心便是包得住那性情。性是体，情是用。心字只一个字母。故性情字皆从心。

这是朱子以他本人思想的心性情的三分架局来解析孟子。孟子本身并没有这样的分疏。朱子依伊川的分解，以情是形而下的一层，性是形而上的一层，心则兼摄形而上、形而下二层。依牟先生，孟子本心、本性根本是一回事，一旦发用，乃沛然莫之能御，这是纵贯系统；到伊川、朱子遂转变成为程、朱的横摄系统。朱子曾举例说明自己的看法。《语类》卷五有云：

性是未动，情是已动，心包得已动未动。盖心之未动则为性，已动则为情。所谓心统性情也。欲是情发出来底。心如水，性犹水之静，情则水之流，欲则水之波澜。

他也和伊川一样，最喜欢用谷种之喻言仁。《语类》卷二十有云：

问：爱之理，心之德。曰：理便是性。缘里面有这爱之理，所以发出来无不爱。程子曰：心如谷种，其生之性乃仁也，生之性便是爱之理也。

朱子的心要摸捉实理，故强调格物、穷理，最讨厌以心觅心之说，对当时流行的一种识心之论极为反感。《语类》卷二十有云：

> 如湖南五峰多说人要识心。心自是个识底，又把甚底去识此心。且如人眼，自是见物，却如何见得眼。故学者只要去其物欲之蔽，此心便明。如人用药以治眼，而复眼明。

由上面所说的可以看到，朱子解析心性情的三分架局已经预设了理气二元的观念：性是理，情是气，心是"气之精爽"（《语类》卷五），所以具众理而应万事者也。故此由形而上学的观点看，最后终极的实在不外乎理气二元，整个宇宙乃是理气二元配合变化所产生的结果。

依朱子的思想，理是形而上的：性理的禀赋只"有"而不"在"。[52] 也就是说，理不是现实具体的存在，要通过修养工夫才能具体实现，即他所谓"在"也。以此，超越

---

52 《朱子文集》卷三十二，《答钦夫仁说》（《答张钦夫》十八书之第十七书）有云："然则所谓爱之理者，乃吾本性之所有，特以廓然大公而后在，非因廓然大公而后有也，以血脉贯通而后达，非以血脉贯通而后存也。"此函уч的书曾加征引（页 166—167），但以其行文过简，难以讨论。然由此可见，朱子极富分析性的头脑，他的意思大概是，性理本"有"，却必须通过"廓然大公"的修养工夫之后才能具体实现，即他所谓"在"也。我的书《朱子哲学思想的发展与完成》在第六章《朱子理气二元不离不杂的形上学》的"概说"中，却误植为理只"在"而不"有"（页 270），应予更正。

的理是个净洁空阔的世界，无情意，无计度，无造作，无作用（参《语类》卷一）。只有这样的理是纯善，乃是现实存在的所以然之超越的形而上的根据。而理要具体实现，就不能不凭借气。气恰与理相对，乃是形而下者。气本身并不坏，它是一必要的实现原则。但有了气，就不能不有驳杂与坏灭，故也可以说气是恶之根源，虽则恶并无它本身积极独立之意义。过犹不及即是恶，可以通过后天的修养工夫来加以调整。理是包含该载在气，正如性是包含该载在心，而心则有情意、有计度、有造作、有作用。故理之敷施发用在气，正如性之敷施在心。由此可见，理气二元，不杂不离，互赖互依。从时间的观点看，同时并在，不可以分先后。但由存在论的观点看，则必言理先气后，因为有此理始有此物（气），而无此理必无此物，故决不可以颠倒过来说。然而由现实的观点来看，则又因为理本身无作用，气才有作用，故又可以说气强而理弱。

理气二者之间既有如此错综复杂的关系，自难一言而尽，必须多方说明，始能得其綮要。天地间只是一理。但此理既是生之理，就必变现出万物来，而万物化生自不能不有气之凭借。有了气禀乃有万类之不同，若由分殊的观点着眼，也可以说各自之理不同，于此文字上必须活用，才能由各个不同的方面说明宇宙万有的真相。故"论万物之一源，则理同而气异。观万物之异体，则气犹相似而理绝不同。气之异者，粹驳之不齐，理之异者，偏全之或异"

（《朱子文集》卷四十六《答黄商伯》）。说穿了仍不外乎理一而分殊之旨，朱子是用理气二元来解析这一原则。我后来又撰文《朱熹的思想究竟是一元论或二元论》[53]，把他的思想加以定性。我认为朱子是"形而上构成的二元论"与"功能实践的一元论"，必兼顾两面才能把握朱子思想的全貌。西方柏拉图的二元论与当代实在论的划分"潜存"与"现存"都不适于用来阐释朱子的思想。朱子的理气论、心性论、修养论融为一贯，明显是圣学的一支。但他取渐教的工夫论，象山则取顿教的工夫论，乃有所谓朱陆异同的问题。[54] 而朱子虽有泛认知主义的倾向，却不可与西方重智的传统混为一谈。这由他著名的"格物补传"即可以看得出来。他说：

> 必使学者即凡天下之物，莫不因其已知之理而益穷之，以求至乎其极，至于用力之久，而一旦豁然贯通焉，则众物之表里精粗无不到，而吾心之全体大用无不明矣。

这绝不是通过归纳方法去追求科学知识的途径，所谓"豁然贯通"，我曾以之为一种"异质的跳跃"。[55] 朱子渐教

---

53 此文现收入拙著朱子一书增订三版为附录七，页639—662。
54 拙著曾对这一公案详加考察，参《朱子哲学思想的发展与完成》，页427—479。后面所说即根据此书。
55 1984年在中国台湾新竹清华开国际会议，我以英文宣读《朱子的（转下页）

的途径到最后还是达到一种悟，通天下只是一理，这已超越了经验实证科学知识的层次。朱子的问题在，他没有清楚地划分见闻之知与德性之知不同的层次，以至两方面都得不到充量的发展。[56] 但朱子虽有经验实在论的倾向，毕竟是圣学的苗裔，也有强烈的理想主义的倾向，这由他与陈亮辩汉唐就可以看得出来。[57] 就这方面来说，象山和朱子是同一阵线的，以下让我们转过来对陆王心学作一省察。

陆象山与王阳明

象山与朱子同属圣学中人，这由鹅湖之会便知就里。此会的因缘是，吕东莱访朱子于寒泉精舍，编定《近思录》。东莱踏上归程。朱子送行到信州（今江西广信）之鹅湖寺，江西陆子寿、子静兄弟来会。盖东莱为象山之座师，是他促成了这一次聚会。关于鹅湖一会比较详细的记录，不见于朱子之文集语类，而仅见之于象山之《年谱》《语录》。象山《年谱》于象山 37 岁年（朱子 46 岁）引朱亨道书云：

（接上页）性论》一文，后来在《清华学报》新 17 卷 1、2 期合刊（1985.12）发表，首次提出这一观点。陈荣捷、狄百瑞不相信有这样的跳跃，张灏、杜维明则支持我的看法。陈老先生肯定朱子对科学方面的贡献，我则不认为朱子的思想对科学的发展有什么助益。

56　我由现代的视域对朱子思想做出取舍与批评，参拙著朱子一书，页 521—552。

57　有关道统与功利的分疏，朱子与陈同甫的辩论，参拙著朱子一书，页 368—382。

鹅湖讲道切诚当今盛事。伯恭盖虑陆与朱议论犹有异同，欲会归于一，而定所适从。……鹅湖之会，论及教人，元晦之意欲令人泛观博览而后归之约，二陆之意欲先发明人之本心而后使之博览。朱以陆之教人为太简，陆以朱之教人为支离。此颇不合。

《象山语录》有更详细的报道：

吕伯恭为鹅湖之集。……正为学术异同。……先兄遂与某议论致辩，又令某自说，至晚罢。……次早，……先兄云，……夜来思之，子静之说极是。方得一诗云：孩提知爱长知钦，古圣相传只此心。大抵有基方筑室，未闻无址忽成岑。留情传注翻榛塞，着意精微转陆沉。珍重友朋相切磋，须知至乐在于今。某云：诗甚佳，但第二句微有未安。……及至鹅湖，伯恭首问先兄别后新功，先兄举诗才四句，元晦顾伯恭曰：子寿早已上子静船了也。举诗罢，遂致辩于先兄。某云：途中某和得家兄此诗云：墟墓兴哀宗庙钦，斯人千古不磨心。涓流积至沧溟水，拳石崇成泰华岑。易简工夫终久大，支离事业竟浮沉。举诗至此，元晦失色。至欲知自下升高处，真伪先须辨只今。元晦大不怿。于是各休息。翌日，二公商量数十折议论来，莫不悉破其说。继日凡致辩，其说随屈。伯恭甚有虚

心相听之意，竟为元晦所尼。(《象山全集》卷三十四)

这些报道自有着象山强烈的主观色彩，但由之也可以看出整个经过的情况。二陆基本上是孟子学，但表达得太极端。朱子并非看不到他们的长处，显然也有相当冲击，但以其病在尽废讲学，专务践履，东莱也以之为太偏。己亥年子寿访朱子于信州之铅山，意态有所改变。朱子追和鹅湖相会诗云："德义风流夙所钦，别离三载更关心。偶扶藜杖出寒谷，又枉篮舆度远岑。旧学商量加邃密，新知培养转深沉。只愁说到无言处，不信人间有古今。"这次的相会双方相处甚欢。可惜的是，翌年南轩先逝，子寿又逝。辛丑年子静来访，请书其兄教授墓志铭。朱子率僚友诸生，与俱至白鹿洞书院，请升讲席。朱子对象山推崇备至，虽难尽合，却好商量。不幸的是，东莱在这一年又逝世。而朱子总觉得象山有一些禅的意思。癸卯年朱子有《答项平父书》云：

大抵子思以来，教人之法惟以尊德性、道问学两事为用力之要。今子静所说专是尊德性事，而熹平日所论却是道问学多了。所以为彼学者多持守可观，而看得义理全不仔细，又别说一种杜撰道理遮盖，不肯放下。而熹自觉虽于义理上不敢乱说，却于紧要为己为人上，多不得力。今当反身用力，去短集长，庶几

不堕一边耳。(《朱子文集》卷五十四,《答项平父书》
八书之第二书)

但象山完全拒绝这样的调和折中的态度。他说:

朱元晦欲去两短,合两长。然吾以为不可。既不
知尊德性,焉有所谓道问学。(《象山全集》卷三十六)

《象山全集》卷三十四《象山语录》又曰:

朱元晦泰山乔岳,可惜学不见道,枉费精神,遂
自担搁,奈何?

可见象山虽承认朱子格局宏大,然断定其见道不明,
不免有所憾。而朱子一向以象山为畏友,但象山门人每不
守矩矱,到丙午年,朱子意态乃大变,鸣鼓攻之。及戊申
朱子五十九岁,象山五十岁,二人展开无极太极之辩论。
象山盛气凌人,朱子态度始终克己,终以词气粗率为悔,
结束了这一番辩论。但壬子腊月,象山卒于荆门。《朱子语
类》卷一二四曰:

象山死。先生率门人往寺中哭之。既罢,良久,
曰:可惜死了告子。

这既失之不够厚道，也不合乎事实。象山从头到尾是孟子学。[58]《象山语录》有曰：

> 吾之学问与诸处异者，只在我全无杜撰。虽千言万语，只是觉得他底在我不曾添一些。近有议吾者云：除了"先立乎其大者"一句全无伎俩。吾闻之曰：诚然。（《象山全集》卷三十四）

《与路彦彬书》则曰：

> 窃不自揆，区区之学，自谓孟子之后，至是而始一明也。（《象山全集》卷十）

正因象山语言表达过分简截，非分解地立义，并不好讲。牟先生一时也不知道要怎样讲，《心体与性体》完成后十多年，才明白指出，象山本人无分解，其所预设之分解尽在孟子。其所指点启发以示之者则如下列六端：

（一）辨志：此则本于孔孟义利之辨以及孟子之言"士尚志"；

（二）先立其大：此则本于孟子大体小体之辨；

58　狄百瑞的英文中国传统资料书新版，象山一节的导言即邀请我撰写，Shu-hsien Liu, "The Universal Mind in Lu Jiuyuan," in *Sources of Chinese Tradition*, compiled by Theodore de Bary and Irene Bloom (New York: Columbia University Press, 2nd edition, 1999), vol. 1, pp. 714-715，我即说明了这一意旨。

（三）明"本心"：此则本于孟子之言四端之心；

（四）"心即理"：此则本于孟子之言"仁义内在"以及"心之所同然"乃至"理义悦心"等；

（五）简易：此则《易传》虽有明文，而精神实本于孟子之言良知良能，"道在迩而求诸远，事在易而求诸难"，以及"学问之道无他，求其放心而已矣""尧舜之道孝弟而已矣"等语；

（六）存养：此则本于孟子之"操则存，舍则亡""存其心，养其性"，以及"苟得其养，无物不长"等语。[59]

凡此六端均本孟子而说，不知朱子为何有那么多有关禅的联想？但象山果于自信，门人赤身承担，朱子的担忧不为无故。而象山思想过分简截，未能致曲，开拓不去，杨简（慈湖，1140—1225）一代以后，即难以为继，不能与朱学抗衡，到王阳明的时代，几成绝响。阳明乃重刻《象山文集》，为之作序，肯定其直有以接孟子之传，反对诋以为禅，辨冤的意味浓。我曾经注意到，阳明在精神上继承象山，故世称陆王，良有以也；然而阳明在学问上的开展却由朱子转手，故不能不说朱子也是阳明之一重要思想渊源。[60] 而这绝不是偶然的结果。《传习录下》陈九川记阳明之言曰："濂溪明道之后还是象山，只还粗些。"然而

59　参牟宗三：《从陆象山到刘蕺山》，页4—5。
60　参拙作：《论阳明哲学之朱子思想渊源》，现收入拙著朱子一书增订三版附录之中，页566—598。

所谓象山粗些，阳明并没有说出一个道理来。我的解释是，粗者略也。象山的表达不够曲折精微，体证上也不似阳明在龙场顿悟，乃由百死千难中得来，比较有一种实存的感觉。象山 13 岁即悟宇宙便是吾心，吾心即是宇宙，以及心同理同之旨。下面紧接着讲阳明，其思想的发展却经过一个十分曲折的过程。

阳明及门弟子钱德洪（1496—1574）在乙未年（1535）正月撰写的《刻文录叙说》，里面讲到阳明思想前后三变的文字如下：

> 先生之学凡三变，其为教也亦三变。少之时，驰骋于辞章；已而出入二氏；继乃居夷处困，豁然有得于圣贤之旨；是三变而至道也。居贵阳时，首与学者为知行合一之说；自滁阳后，多教学者静坐；江右以来，始单提"致良知"三字，直指本体，令学者言下有悟；是教亦三变也。[61]

德洪的说法最为真实可靠。不想黄梨洲著《明儒学案》，把德洪学三变、教亦三变的说法改易成为"其学凡三变而始得其门""学成之后又有三变"的说法，将"致良知"转变成为学成之后的第二变，这是明显的曲解，我已

61　引自《王阳明全书》（台北：正中书局，1953），第一册，页 10。

撰文详细破解了此一公案，此处不赘。[62] 阳明学问的铺陈从不征引象山，他是在朱学熏陶下翻出来的一条思路，故提出问题的方式像朱子，而在精神上则接上象山。他的学问并非直承孟子，其学始于格物新解，即以朱子为批评之对象；晚年讲《大学问》，对其本身的体验自有更透彻的发挥，然而理论的规模却仍需要藉朱学之对反而益彰显。

阳明少年时代格竹子，明显是对朱子的误解。《朱子文集》卷三十九有《答陈齐仲书》曰：

> 格物之论，伊川意虽谓眼前无非是物，然其格之也，亦须有缓急先后之序，岂遽以为存心于一草木器用之间，而忽然悬悟也哉？且如今为此学而不穷天理、明人伦、讲圣言、通世故，乃兀然存心于一草木一器用之间，此是何学问？如此而望有所得，是炊沙而欲其成饭也。

成熟的阳明虽承认朱子对此学的贡献，对流行的朱学之格物穷理却深致不满之情。《传习录中·答顾东桥书》，对此问题有详尽的分析。他说：

> 朱子所谓格物云者，在即物而穷其理也。即物穷

62　参拙作：《论王阳明的最后定见》，现收入拙著：《儒家思想意涵之现代阐释论集》，页47—71。

理，是就事事物物上求其所谓定理者也，是以吾心求
理于事事物物之中，析心与理而为二矣。……夫析心
与理而为二，此告子义外之说，孟子之所深辟也。务
外遗内，博而寡要，吾子既已知之矣，是果何谓而然
哉！谓之玩物丧志，尚犹以为不可欤！若鄙人所谓致
知格物者，致吾心之良知于事事物物也。致吾心良知
之天理于事事物物，则事事物物皆得其理矣。致吾心
之良知者，致知也。事事物物皆得其理者，格物也，
是合心与理而为一者也。合心与理而为一，则凡区区
前之所云，与朱子晚年之论，皆可以不言而喻矣。

此函在乙酉阳明五十四岁时，距其卒年不过三载，是
他晚年成熟的见解。他坚信朱子晚年之论与自己有所契合，
而深排朱子集注、补传等在外流行极广的理论。据《年谱》
所载，阳明在戊寅年四十七岁时刻《古本大学》，否认《大
学》原典有阙文，向流行的朱学见解挑战。又在同年刻
《朱子晚年定论》，明白表示他反对的不是朱子，而是朱子
中年未定之论。他虽意存调停，可惜考据未精，把朱子一
些早年的书信当作晚年的书信。罗钦顺在庚辰阳明四十九
岁时即对他有严厉的批评。阳明复书乃直承有所未考，但
仍坚信所辑录的书信，固多出于晚年者矣，大意在委曲调
停，以明此学为重。不想在后世反而引起更大的波涛。

丁亥阳明五十六岁时征思田，将发，先授《大学问》，

翌年即谢世。在文中阳明作了脍炙人口的至论，他说：

> 大人者，以天地万物为一体者也，其视天下犹一家，中国犹一人焉。若夫间形骸而分尔我者，小人矣。大人之能以天地万物为一体也，非意之也，其心之仁本若是。其与天地万物而为一也，岂惟大人，虽小人之心亦莫不然，彼顾自小之耳。……良知者，孟子所谓是非之心，人皆有之者也。是非之心，不待虑而知，不待学而能，是故谓之良知。是乃天命之性，吾心之本体自然灵昭明觉者也。

朱子参悟中和是他一生成学的关键所在，故为众所瞩目。世人并未充分注意到阳明对中和同样有极为圆融深刻的体证，此则见之于《传习录中·答陆原静书》。他说：

> 夫良知一也。以其妙用而言，谓之神；以其流行而言，谓之气；以其凝聚而言，谓之精；安可以形象方所求哉！

> 未发之中，即良知也，无前后内外，而浑然一体者也。有事无事，可以言动静，而良知无分于有事无事也。寂然感通，可以言动静，而良知无分于寂然感通也。动静者所遇之时，心之本体，固无分于动静也。理，无动者也，动即为欲。循理，则虽酬酢万变，而

未尝动也。从欲，则虽槁心一念，而未尝静也。动中有静，静中有动，又何疑乎！有事而感通，固可以言动，然而寂然者未尝有增也。无事而寂然，固可以言静，然而感通者未尝有减也。动而无动，静而无静，又何疑乎！无前后内外，而浑然一体，则至诚有息之疑，不待解矣！未发在已发之中，而已发之中，未尝别有未发者在。已发在未发之中，而未发之中，未尝别有已发者存。是未尝无动静，而不可以动静分者也。

此函在甲申阳明五十三岁时，由语脉看来，真是濂溪《通书》、明道《定性书》的血脉，而将明道的一本论发挥得更为痛快。这与朱子继承伊川建构的二元论的确属于完全不同的另一思想形态。

程朱以性即理，朱子更明言心具众理。陆王以心即理，但阳明所铺陈的思路，民国以后学者每撷拾西方哲学之名词与观念阐释古籍，以唯心论视阳明心学，于其实义并无所窥，反而增加不少无谓缭绕，亟待澄清。[63] 凡是以阳明为主观唯心论哲学的总喜欢引《传习录下》的两段话作为佐证：

　　先生游南镇，一友指岩中花树问曰："天下无心外

63　参拙作：《阳明心学之再阐释》，现收入拙著朱子一书为第九章，页485—520。

63　参拙作：《阳明心学之再阐释》，现收入拙著朱子一书为第九章，页485—520。

之物，如此花树，在深山中，自开自落，于我心亦何相关？"先生曰："你未看此花时，此花与汝心同归于寂。你来看此花时，则此花颜色一时明白起来，便知此花不在你的心外。"

问："人心与物同体，如吾身原是血气流通的，所以谓之同体；若于人，便异体了，禽兽草木益远矣，而何谓之同体？"先生曰："你只在感应之几上看，岂但禽兽草木，虽天地也与我同体的，鬼神也与我同体的。"请问。先生曰："尔看这个天地中间，什么是天地的心？"对曰："尝闻人是天地的心。"又曰："人又什么教做心？"对曰："只是一个灵明。"曰："可知充天塞地，中间只是这个灵明。人自为形体自间隔了。我的灵明，便是天地鬼神的主宰。天没有我的灵明，谁去仰他高？地没有我的灵明，谁去俯他深？鬼神没有我的灵明，谁去辨他吉凶灾祥？天地鬼神万物离开我的灵明，便没有天地鬼神万物了。我的灵明离却天地鬼神万物，亦没有我的灵明。如此便是一气流通的，如何与他间隔得？"又问："天地鬼神万物千古见在，何没了我的灵明，便俱无了？"曰："今看死的人，他这些精灵游散了，他的天地万物尚在何处？"

无疑这里是牵涉到认识论问题，但侯外庐援引英国经验主义贝克莱（George Berkeley）的主观唯心论的思想来诠释阳明，并谴责其唯我主义（solipsism），却是全然的误解。阳明的《大学问》讲天地万物一体，和独我论有什么关系？他的思想是一种感应模式，他并没有怀疑岩中花树的存在，他只说花的颜色因心之感应而一时明白起来。人心与物同体的一段理论效果比较复杂，阳明的表达的确容易引人误解，但他提出了"感应之几"这样具有关键性的词语，如果给予善巧的解释，就可以明白他的微意所在。在此有必要另作征引，《传习录上》阳明有曰：

> 这视听言动，皆是汝心。汝心之视，发窍于目；汝心之听，发窍于耳；汝心之言，发窍于口；汝心之动，发窍于四肢；若无汝心，便无耳目口鼻。所谓汝心，亦不专是那一团血肉，若是那一团血肉，如今已死的人，那一团血肉尚在，缘何不能视听言动？所谓汝心，却是那能视听言动的，这个便是性，便是天理。有这个性，才能生这性之生理，便谓之仁。这性之生理，发在目，便会视；发在耳，便会听；发在口，便会言；发在四肢，便会动，都只是那天理发生，以其主宰一身，故谓之心。这心之本体原只是个天理，原无非礼。这个便是汝之真己，这个真己，是躯壳的主宰。若无真己，便无躯壳，真是有之即生，无之即死。汝若真为那个躯壳的己，必须用着这个真己，便须常常保守着这个真己的本体。

由此可见，阳明何尝否认，已死的人，那一团血肉尚在。所谓"无耳目口鼻""无躯壳"的意思是，耳不能听，就不能谓之耳；躯壳之无主宰，也就不能谓之躯壳。顺常识说话，当然不能说人死以后，便无耳目口鼻，无躯壳。但阳明另辟蹊径，其体会自较常识的进路深刻得多。对阳明来说，这个宇宙从来就是活泼泼地，就精微处来说，则天地之间只是一个感与应而已！由这回头去看人心与物同体一段，就不难索解了。阳明所谓："今看死的人，他这些精灵游散了，他的天地万物尚在何处？"尤有深意。阳明岂不知道人死后山河大地依然存在的事实，他先于现代存在哲学家海德格尔（Martin Heidegger）四百年前已明白所谓"世界"乃一意义结构，并非死体。人是"在世界之中的存有"（being-in-the-world）。人与他的世界一方面相互对立，另一方面又相互依存。个人的世界一方面为他自己所专有，另一方面又可以与他人的世界相重叠。它的所谓客观，乃与人的主观相对待。到人的主观没有了，它的客观也就没有意义了。故个人生时，他的世界不能听他随意驱遣，到他死后，这一世界也就重归于寂。这样的世界观远比朴素实在论的观点深刻[64]，而且有道德修养工夫的重要性。

64　陈荣捷先生在其《传习录》英译本的"导言"中说，"从哲学方面说，王阳明的立场是薄弱的，因为它完全忽略客观的研究并将实在与价值混淆，《传习录》的读者会发现，王阳明的唯心论的确是非常地幼稚（naive）。"他也引用了阳明游南镇的谈话为例。但接着他下转语说："但如王阳明的哲学在逻辑的锐利方面不行，在道德的睿见方面是深刻的。"参 Wang Yang-ming, *Instructions for*（转下页）

《传习录下》阳明有云：

> 人一日间，古今世界都经过一番，只是人不见耳。夜气清明时，无视无听，无念无作，淡然平怀，就是羲皇世界。平旦时，神清气朗，雍雍穆穆，就是尧舜世界。日中以前，礼仪交会，气象秩然，就是三代世界。日中以后，神气渐昏，往来杂扰，就是春秋战国世界。渐渐昏夜，万物寝息，景象寂寥，就是人消物尽世界。学者信得良知过，不为气所乱，便常做个羲皇以上人。

当然存在哲学家只描写人的世界架构，儒者如王阳明就必须在这些世界之中作鉴别选择的工夫，其中自有规范可循。阳明的根本体证是天人之间有一种相应的关系。他说：

> 天地气机，元无一息之停，然有个主宰，故不先不后，不急不缓，虽千变万化，而主宰常定。人得此而生，若主宰定时，与天运一般不息，虽酬酢万变，常是从容自在，所谓天君泰然，百体从令。若无主宰，便只是这气奔放，如何不忙。(《传习录上》)

（接上页）*Practical Living and Other Neo-Confucian Writings*, translated by Wing-tsit Chan (New York and London: Columbia University Press, 1963), p. xxxiii, 中文是由我翻译的。陈老先生看到我的《再阐释》一文之后写信给我说"如梦初醒"。狄百瑞与陈老的意见相若，我也曾在书评中加以驳正。

人的主宰是良知，天地的主宰何尝不是良知。在这一意义下良知即是天地的本体，它不只具认识的意义，也同时具有存在论的意义。了乎此则阳明所说许多似古怪的话头都可以得其解。例如他说：

　　　　人的良知，就是草木瓦石的良知。若草木瓦石无人的良知，不可以为草木瓦石矣。岂惟草木瓦石为然，天地无人的良知，亦不可以为天地矣。盖天地万物，与人原是一体，其发窍之最精处，是人心一点灵明。风雨露雷，日月星辰，禽兽草木，山川土石，与人原只一体，故五谷禽兽之类，皆可以养人，药石之类皆可以疗疾，只为同此一气，故能相通耳。(《传习录下》)

　　良知与天的关系，阳明曾明白规定如下："先天而天弗违，天即良知也。后天而奉天时，良知即天也。"(《传习录下》) 阳明虽不多谈《易》，其实也融入他的思想。他说：

　　　　良知即是易，其为道也屡迁，变动不居，周流六虚，上下无常，刚柔相易，不可为典要，惟变所适，此知如何捉摸得，见得透时，便是圣人。(《传习录下》)

　　阳明的思想是属于体用兼顾的圆教形态，《传习录下》有一段问答具有甚深意趣：

问："大人与物同体，如何《大学》又说个厚薄？"先生曰："惟是道理自有厚薄，比如身是一体，把手足捍头目，岂是偏要薄手足，其道理合如此。禽兽与草木同是爱的，把草木去养禽兽，又忍得。人与禽兽同是爱的，宰禽兽以养亲与供祭祀宴宾客，心又忍得。至亲与路人同是爱的，如箪食豆羹，得则生，不得则死，不能两全，宁救至亲，不救路人，心又忍得。这是道理合该如此。及至吾身与至亲，更不得分别彼此厚薄。盖以仁民爱物，皆从此出，此处可忍，更无所不忍矣。《大学》所谓厚薄，是良知上自然的条理，不可逾越，此便谓之义。顺这个条理，便谓之礼。知此条理，便谓之智。终始是这条理，便谓之信。"

这才能够全副体现儒家理一分殊、体用一源之旨，所谓"虚灵不昧，众理具而万事出，心外无理，心外无事"。这样才扭转了阳明所批评的流行朱子学"义外"的偏向。

丁亥阳明逝世前一年起复征思田。将命行时，德洪与汝中（王龙溪）论学，是夕侍坐天泉桥，各举请正，即所谓"天泉证道"记。[65]阳明明言：

———————
65　有关此一公案，《年谱》所载与《传习录》无大出入，大概为钱德洪所记。此外龙溪殁后编的《龙溪集》有《天泉证道记》也载此事，则有出入。《年谱》所记录得众多同门首肯，无疑所记较近师门之教。

以后与朋友讲学，切不可失了我的宗旨：无善无恶是心之体，有善有恶是意之动，知善知恶是良知，为善去恶是格物。只依我这话头随人指点，自没病痛。此原是彻下彻下功夫。(《传习录下》)

这清楚说明，"四句教"是阳明的最后定见，[66] 阳明后学因龙溪的异说引起许多波澜，问题复杂，容后再议。

刘蕺山与黄梨洲

明代科举虽仍考朱子的《集注》，但吸引知识分子的却是心学。梨洲《明儒学案》的编纂，在卷首先引《师说》，在最后一卷归结于《蕺山学案》，可见此书乃梨洲本之于蕺山之精神对于有明一代学术之检讨。在《凡例》中他说：

尝谓有明文章事功，皆不及前代。独于理学，前代之所不及也，牛毛茧丝，无不辨析，真能发先儒之

---

66 1972年我在《新亚书院学术年刊》第14期发表《阳明心学之再阐释》一文，牟宗三先生看了稿子，说这篇文章已是难能可贵，但论"四句教"未尽，我当然虚心承教。但我1986年到新加坡做研究，写黄宗羲一书，第二章《黄宗羲对于阳明思想的简择》，对四句教问题做了比较深入全面的考察，却与牟先生达到了不同的结论。阳明只传四句教，龙溪才有"四有""四无"的说法。我可以同意牟先生说四无教源出阳明，有一定的根源。但阳明不落有、无两边，龙溪却滑落一边。四句明明是阳明的最后定见，修养工夫兼容顿（龙溪）、渐（德洪）。但龙溪却以四句教为权法，后来刘蕺山虽否定四无教，但也把四句教当作权法，梨洲依之，我悉加以辨正，参拙作《论王阳明的最后定见》一文，参本部分注62。

所未发。程朱之辟释氏，其说虽繁，总是只在迹上，其弥近理而乱真者，终是指他不出。明儒于毫厘之际，使无遁形。陶石篑亦曰，若以见解论，当代诸公尽有高过者，与羲言不期而合。

这里的"理学"是广义的用语，明代理学内容明显与程朱不同，有进于宋代理学。卷五《白沙学案》上梨洲说：

有明之学，至白沙始入精微。其吃紧工夫，全在涵养。喜怒未发而非空，万感交集而不动，至阳明而后大。

由此可见，明代理学主要的内容是"心学"，尤其是阳明的心学。蕺山之学也正是由阳明思想转出来的一条思路。梨洲撰《子刘子行状》曰：

先生以谓新建之流弊，亦新建之择焉而不精，语焉而不详有以启之也。其驳天泉证道记曰："新建言无善无恶者心之体，有善有恶者意之动，知善知恶是良知，为善去恶是格物。如心体是无善无恶，则有善有恶之意，又从何处来？知善知恶之知，又从何处起？为善去恶之功，又从何处用？无乃语语绝流断港乎？"其驳良知说曰："知善知恶，从有善有恶而言者也。因有善有恶，而后知善知恶，是知为意奴也，良在何处？又反无善无恶而言者也。本无善无恶，而又知善知恶，是知为心祟也，良在何处？止因新建将意字认坏，故不得不进而求良于知，仍将知字认粗，故不得不进而求精于心，非《大学》之本旨，明矣。"盖先生于新建之学凡三变：始而疑，中而信，终而辨难不遗余力，而新建之旨复显。[67]

　　蕺山辨"天泉证道"记阳明之四句教不谛。其实阳明所谓"无善无恶"不是没有善恶是非，而是至善超越了一般善恶相对的相状。然蕺山连阳明四句教的第一句都不能接受，更何况龙溪的四无教，故一生以龙溪为论敌。由良知显教的流弊入手，蕺山乃转入诚意慎独之密教，顺着阳明的思路追溯下去，不得不对《大学》提出又一新解。梨洲这一段的最后一句话最有意思。它清楚地说明了蕺山对阳明的态度有三个阶段的转折，到最后，辩难的是阳明"择焉而不精、语焉而不详"处，其目的则在复显王学精神的本旨。

　　蕺山对王学是下了功夫的，他有《阳明传信录》三卷，此书于康熙时刻出，戊午年梨洲门人为之作跋曰：

---

67 《黄宗羲全集》（杭州：浙江古籍出版社，1985），第一册，页253—254。

《阳明传信录》三卷，蕺山子刘子手定。吾师梨洲先生学案百卷，此其一也。有明之学，白沙开其端，至阳明而闻性道之蕴。今日学脉嗣续而不绝者，伊谁之力欤？阳明其人也！于殁后其门下持论不无过高，即教法四句已不能归一，故其后流弊，以情识为良知，以想象为本体，由择焉而不精也。子刘子悉加辨正，名之曰传信，所谓澄源端本，学者庶几无他歧之惑矣。[68]

由此可见，由蕺山而梨洲以至其门人，对王学有一定的看法。其中最具关键性的一个问题，即对四句教的理解。蕺山《阳明传信录》最后一节《王畿记》在抄录了《传习录下》有关四句教的讨论之后，有以下的评论：

先生每言至善是心之本体，又曰至善只是尽乎天理之极，而无一毫人欲之私，又曰良知即天理。录中言天理二字不一而足，有时说无善无恶者理之静，亦未曾经说无善无恶是心体。若心体果是无善无恶……无乃语语绝流断港。快哉四无之论，先生当于何处作答？却又有上根下根之说，谓教上根人只在心上用工夫，下根人只在意上用工夫，又岂《大学》八目一贯

68　见《刘宗周全集》(台北："中央研究院" 中国文哲研究所筹备处，1997)，第四册，页108。

之旨？又曰其次且教在意念上着实用为善去恶工夫，久之心体自明。蒙〔蕺山〕谓才着念时便非本体，人若只在念起念灭上用工夫，一世合不上本体了，正所谓南辕而北辙也。先生解《大学》于意字原看不清楚，所以于四条目处未免架屋叠床至此。及门之士一再摹之，益失本色矣。先生他日有言曰：心意知物只是一事，此是定论。既是一事，决不是一事皆无。蒙因为龙溪易一字曰：心是有善无恶之心，则意亦是有善无恶之意，知亦是有善无恶之知，物亦是有善无恶之物。不知先生首肯否？或曰：如何定要说个有善无恶？曰：《大学》只说致知，如何先生定要说个致良知，多这良字？其人默然。学术所关，不敢不辩。[69]

蕺山疑阳明没说过"无善无恶心之体"这句话，理据至为薄弱。其实他也不是不明白这样的思路。他著《原性》一文，开宗明义便说：

告子曰：性无善无不善也。此言似之而非也。夫性无性也，况可以善恶言？然则性善之说，盖为时人下药云。[70]

69　见《刘宗周全集》（台北："中央研究院"中国文哲研究所筹备处，1997），第四册，页107—108。
70　同68，第二册，页328。

如果情形是这样，则蕺山何以如此拘执？甚不可解。可能他是有意与龙溪唱反调。有趣的是，龙溪由无善无恶心之体推下来，乃倡四无之论。蕺山却反其道而行，由意知物之有善无恶逆推回去，断定心体也必有善无恶，力倡四有之论。二人各得一偏，却同以阳明的致良知教为权法，各自发展了自己的思路。但龙溪还打着阳明学的招牌，蕺山则已另起炉灶，牟宗三先生誉之为宋明理学之殿军。

梨洲在《子刘子行状》之中，对于蕺山思想的纲领有相当详细的综述。[71] 他说：

> 先生宗旨为慎独。始从主敬入门，中年专用慎独工夫。慎则敬，敬则诚。晚年愈精微愈平实，本体只是些子，工夫只是些子。不分此为本体，彼为工夫。亦并无这些子可指，合于无声无臭之本然。从严毅清苦之中，发为光风霁月，消息动静，步步实历而见。故发先儒所未发者，其大端有四：一曰静存之外无动

察。……一曰意为心之所存，非所发。……一曰已发未发，以表里对待言，不以前后际言。……一曰太极为万物之总名。……

《行状》总结蕺山思想之归止曰：

> 先儒心与性对，先生曰："性者，心之性"；性与情对，先生曰："情者，性之情"；心统性、情，先生曰："心之性、情分"；人欲为人心，天理为道心，先生曰："人只有人心，道心者，人心之所以为心"；分性为气质、义理，先生曰："性只有气质。义理者，气质之所以为性"；未发为静，已发为动，先生曰："存发一机，动静一理，推之存心致知，闻见、德性之知，莫不归之于一。"然则彼皆非欤？曰：孔子已言之矣，"吾道一以贯之"。工夫之与本体有二者，便不一也。《书》曰："德唯一，动罔不吉；德二三，动罔不凶。"《诗》曰："士也罔极，二三其德。"《易》曰："天下之动，贞夫一者也。"自有六经以来，未之有改也。

蕺山思想明显有强烈的一元论倾向。而这是远绍阳明，和朱子二元论有相当距离。但有趣的是，蕺山的一本结穴在静存，这是回归濂溪的主静，恰好附和朱子对道统的回溯，由二程回到以前籍籍无名的周敦颐。其实阳明已经接受了朱子建造的道统架构，只不过濂溪之后是明道，不是伊川，再旁置朱陆，由自己担负道统。蕺山则更进一步，以阳明为权法，在他自己这里才找到终法，而建立诚意慎独教。

先说第一点，蕺山所谓静存，与动静的相对象状并不在同一层次上。由周濂溪到李延平的默坐澄心是做工夫的一条血路，可惜朱子缺少会心。

就第二点来说，意为心之所存，非所发，正是蕺山思想的特色。盖蕺山严厉批评龙溪继承所谓阳明的四句教误以意为念，故归显于密，提倡"意根最微，诚体本天"。蕺山之攻阳明，颇多缭绕，未得阳明宗旨，在概念层面上，深于王学者不难加以驳正。其精彩处实在其工夫论，见在良知既乏简择之功，乃必往内收一步，而结穴于意根。主宰在意体，乃不能不严分意、念，而断定意为心之所存："正见此心之存主有善而无恶也。恶得以所发言乎？"（《子刘子学言》卷一）

就第三点来说，已发、未发，以表里对待言，不以前后际言。已发、未发问题源出《中庸》。伊川平地起风波，谓"中即性也"此语极未安，中也者所以状性之体段。伊川的说法纠结缠夹，不易分解。中为状词，这并不错；但中也可以为实体字，则中体即性体，也即独体，此蕺山继承于明道、延平之一贯思路，与伊川之体会甚不契。伊川开出朱子之思路。由工夫论上着眼，蕺山并未排斥伊川的修养方法。他说：

> 伊川谓不当于喜怒哀乐未发之前求中，正恐人滞
> 在气象上，将中字作一物看，未便去做工夫，岂不辜
> 负。昔日如温公念个中字，伊川便谓他不如持戒珠。
> （《子刘子学言》卷一）

但蕺山并不以伊川为止归，他说：

> 程子云："喜怒哀乐未发，谓之中。此时下不得一
> 个静字。"已为千古卓见。却不肎（肯）下个动字。然
> 人安得有无喜怒哀乐之时，而后儒苦于未发前求气象，
> 不已惑乎？须知喜怒哀乐而自其所存言谓之中，自其
> 所发言谓之和，盖以表里对待言，非以前后际言者也。
> 中，阳之动也；和，阴之静也，合阴阳动静而妙合无
> 间者，独之体也。（同上）

《大学》《中庸》皆言慎独，依蕺山，《大学》说的是心
体，《中庸》说的是性体，两方面适成一回环。他说：

> 《大学》心到极至处，便是尽性之功，故其要归之
> 慎独；《中庸》言性到极至处，只是尽心之功，故其要
> 亦归之慎独。独，一也。形而上者谓之性，形而下者

谓之心。(同上)

但在此处切莫误会，以为蕺山之说同于朱子，认定性理为形而上者，心气为形而下者，对蕺山而言，二者为表里关系，其实一也。幽隐的性体必通过心体之表现而呈现，牟先生认为这是一种"以心著性"的思想架局。诚于中，形于外，故蕺山说：

> 一性也，自理而言，则曰仁义礼智；自气而言，则曰喜怒哀乐。一理也，自性而言，则曰仁义理智；自心而言，则曰喜怒哀乐。(同上)

蕺山继承阳明通贯未发已发的内在一元论倾向，往前更推进了一步。但他把喜怒哀乐配上仁义礼智、元亨利贞，还是沿袭朱子《仁说》的思想架局。不过把四德与七情分开，却是他的创见。他说：

> 喜怒哀乐，虽错综其文，实以气序而言，至散而为七情，曰喜怒哀惧爱恶欲，是性情之变，离乎天而出乎人者，故纷然错出而不齐。所谓感于物而动，性之欲也，七者合而言之，皆欲也。君子存理遏欲之功，正用之于此，若喜怒哀乐四者，其发与未发，更无人力可施也。(自注：后人解中和，误认七情，故经旨晦

至今。)(《子刘子学言》卷二）

四德、四时配合一类的说法首倡自汉人，由今日观点看来，实不足取。但这是传统一般接受的说法，蕺山采取这种说法并不足为怪。但他分别四德的自然之情与七情的情变之情，则是一个很有意义的分疏，[72] 可以对治王学末流情肆而荡的弊病。

就第四点而言，太极为万物之总名，蕺山接受濂溪"无极而太极""太极本无极"之说，这是沿袭朱子肯定《太极图说》的看法。但他对于太极、阴阳、理气的了解乃与朱子大相径庭。蕺山以道理皆从形气而立，离形无所谓道，离气无所谓理，则超越隐含于内在之中，有强烈的内在主义思想的倾向。蕺山以"一奇即太极之象，因而偶之，即阴阳两仪之象"。这种说法显不合周子原义。"无极而太极"显为"太一"，不与偶对，而为奇偶之原。蕺山把太极拉了下来，则太极之超越义灭煞。谓太极为万物之总名，总名是集合义，道岂止是万物之集合，道之生生义在这种说法下就完全表达不出来，蕺山的说法不为无病，影响到明末清初的思想往内在一边倾斜，蕺山之偏向一边实难辞其咎。

---

72 蕺山四七之辨孤明单发，缺少回应。在韩国四七之辨在李朝却变成一个主要的哲学问题，参李明辉：《四端与七情：关于道德情感的比较哲学探讨》（台北："国立"台湾大学出版中心，2005）。

其实蕺山的思想是由阳明转手，阳明思想已有强烈的一元论的倾向。他以"心无体，以天地万物感应之是非为体"(《传习录下》)于流行中识真宰，则念念之迁流也收摄于良知。蕺山之思想实与之若合符节。阳明是以良知为体，蕺山则以意为体。凡可用来说良知之为体者移过来讲蕺山之以意为体，莫不妥当贴切。然则蕺山何必平地起风波，背离致良知教耶？那完全是基于工夫论之考虑。见在良知，如缺乏善解，其弊必流于情肆而荡。蕺山的贡献在工夫论，往内收摄一步，乃与《人谱》之做具体实践的道德修养工夫连成一气。据《人谱续篇》之《证人要旨》，[73] 吾人必须努力要做的正面之六步实践如下：一曰：凛闲居以体独；二曰：卜动念以知几；三曰：谨威仪以定命；四曰：敦大伦以凝道；五曰：备百行以考旋；六曰：迁善改过以作圣。紧接着的《纪过格》[74] 则指出，反面所要对治之过恶也有六层：一曰：微过，独知主之；二曰：隐过，七情主之；三曰：显过，九容主之；四曰：大过，五伦主之；五曰：丛过，百行主之；六曰：成过，为众恶门，以克念终焉。《人谱》乃仿濂溪《太极图说》而作成《人极图》与《人极图说》，可谓发先贤所未发，儒家内圣之学成德之教之道德意识至此得以完成。但因他收得过紧，不免过分偏重在德行一科，反而不逮原始儒家之充实饱满，也有他的偏向所在。

73　见《刘宗周全集》，第二册，页5—11。
74　见《刘宗周全集》，第二册，页11—18。

而后世之走向乃恰恰与之相反，在此应可得到许多反省的资粮。

蕺山之后有梨洲，对于师说，究竟只是客观的报道呢？还是也即是他自己主观的信奉呢？我认为就大原则而言，他的确把蕺山思想彻底内化，而且加以进一步的发挥，并未违背他继承来的原则。他著《明儒学案》，后来又准备着手编写《宋元学案》，均以这些原则为判准。而梨洲对于阳明的简择，朱子的批评，已经可以清楚地看出他的思想特色。[75] 但梨洲毕竟是思想史名家，可很少人说得出他自己的思想是什么，故我提议借他说的四句话来把握他的思想的实义：

（一）"盈天地皆心也，变化不测，不能不万殊。"

（二）"心无本体，工夫所至，即其本体。"

（三）"穷理者，穷此心之万殊，非穷万物之万殊也。"

（四）"读书不多，无以证斯理之变化，多而不求于心，则为俗学。"[76]

前三语出于《明儒学案·序》，后一语则见全谢山《梨洲先生神道碑铭》（《鲒埼亭集》卷一一），由此以论梨洲心学之定位。

梨洲所继承的是阳明以降的心学，把握到心的枢纽点，则可以把握道，而知性知天，这是孟子传留下来的思路。

---

75 有关这些问题的讨论，参拙著：《黄宗羲心学的定位》。

76 参拙著：《黄宗羲心学的定位》，页95。

除了对"良知"之说有所保留以外，有关心与世界之相应架构，完全是同一形态的思路。梨洲著《孟子师说》,《食色性也》章解曰：

> 孟子以为有我而后有天地万物，以我之心区别天地万物而为理，苟此心之存，则此理自明，更不必沿门乞火也。[77]

其解《万物皆备〔于我〕》章，讲得更是明白透彻：

> 盈天地无所谓万物，万物皆因我而名。如父便是吾之父，君便是吾之君，君父二字，可推之为身外乎？然必实有孝父之心，而后成其为吾之父；实有忠君之心，而后成其为吾之君。此所谓"反身而诚"，才见得万物非万物，我非我，浑然一体，此身在天地间，无少欠缺，何乐如之！[78]

梨洲断定，大宇宙（天）与小宇宙（人）之间有一相应之秩序。但天地虽是一气流通，只人秉是性，故在宇宙之中，扮演一极为特殊的角色。阳明倡心即理，知行合一，为蕺山、梨洲之先导。不意阳明之学三传至陶石梁，竟杂

---

[77] 《黄宗羲全集》，第一册，页134。
[78] 《黄宗羲全集》，第一册，页149—150。

于禅，而谓"识得本体，不用工夫"。蕺山乃反其道而行，曰："工夫愈精密，则本体愈昭荧。"[79] 此即梨洲"工夫所至，即是本体"之所本。蕺山一系的工夫论是彻底的内在体证，这是他们简择阳明以后的结果，乃直斥隔离体证之方式为禅，不免流入另一偏向。梨洲反对朱子向外穷理的说法，他解《非礼之礼》章曰：

> 吾心之化裁，其曲折处谓之礼，其妥帖处谓之义，原无成迹。今以为理在事物，依仿成迹而为之，便是非礼之礼，非义之义。盖前贤往行，皆圣贤心所融结，吾不得其心，则皆糟粕也，曾是礼义而在糟粕乎！[80]

孟子以仁义礼智根于心，梨洲解《博学》章曰：

> 自其分者而观之，天地万物各一理也，何其博也；自其合者而观之，天地万物一理也，理亦无理也，何其约也。泛穷天地万物之理，则反之约也甚难。散殊者无非一本，吾心是也。仰观俯察，无非使吾心体之流行，所谓"反说约"也。若以吾心陪奉于事物，便是玩物丧志矣。[81]

---

79 同上注，《子刘子行状》，页253。
80 同上注，页106。
81 《黄宗羲全集》，第一册，页110。

宋儒之"理一分殊"至此乃演变成为梨洲之"一本万殊"，这也使他不满于只讲一家言说，而走上了思想史的道路，著《明儒学案》，在《发凡》中曰：

> 学问之道，以各人自用得著者为真。凡倚门傍户，依样葫芦者，非流俗之士，则经生之业也。此编所列，有一偏之见，有相反之论。学者于其不同处，正宜着眼理会，所谓一本而万殊也。以水济水，岂是学问！[82]

学问之道，一方面要收归一心，体证理一；另一方面又要穷极变化，体究万殊。而言为心声，故不能不广读群书。但读书只为读书，却又是玩物丧志，忘失宗旨。由博必返于约。以上我们借梨洲的四句话为引子，说明了他的思想纲领。考梨洲思想之特色，在哲学上虽缺乏原创性，但他以这些哲学原则为指导来编纂思想史，却是一创举，而历来对于《明儒学案》的性质也无善解。它绝不是什么客观史学，但也绝没有想要曲解各家学术，以遂己私的卑鄙意图。但述评各家思想必通过作者本人之视域与判准，它是由一个哲学观点加以批评、选择写出来的思想史。[83]

梨洲八十三岁在康熙三十二年的《自序》说得很明白：

82　同上注，第七册，页6。
83　读者欲知其详，请参阅拙著：《黄宗羲心学的定位》。

羲为《明儒学案》，上下诸先生，深浅各得，醇疵互见，要皆功力所至，竭其心之万殊者而后成家，未尝以懵懂精神冒人糟粕。于是为之分源别派，使其宗旨历然。由是而之焉，固圣人之耳目也。间有发明，一本之先师，非敢有所增损其间。此犹中衢之樽，后人但持瓦瓯椫杓，随意取之，无有不满腹者矣。[84]

他是以蕺山思想为批评、简择的判准，这里只举一个例就足够了。《明儒学案》主要的内容是王学。在《江右王门学案》的叙录中，梨洲说：

姚江之学，惟江右为得其传，东廓、念庵、两峰、双江其选也。……是时越中流弊错出，挟师说以杜学者之口，而江右独能破之，阳明之道赖以不坠。盖阳明一生精神俱在江右，亦其感应之理宜也。[85]

聂双江自成一家言说，与阳明关系不深，在狱中悟"归寂"之旨。罗念庵甚至从未见过阳明，仅称后学，支持

双江与龙溪以及其他同门论辩。为什么梨洲会偏袒双江、念庵？那是因为双江主静，遥契濂溪，似与蕺山静存之旨相合，所以才会有这样高的评价。其实双江归寂之说与阳明思想确有距离，牟宗三先生辩之详矣，[86] 此处不赘。泰州继承蕺山对阳明的看法，认为阳明因病立方，权实互用，后人不得其解，于是有龙溪之荡之以玄虚，泰州之参之以情识。蕺山之学则乘王学之流弊而起，这便是梨洲著《明儒学案》的背景。梨洲深信在审视了各家各派的学术之后，百川归海，必归宗于蕺山诚意慎独之教。然而事与愿违，时代精神改易，不意成为宋明儒学的殿军，他代表一个时代的终结，却又在无意之中，促进了另一个时代的开始。相对于他个人主观的愿望来说，抗清失败，捍卫师说得不到效果，故我说他是一位悲剧性的人物。但他兴趣广泛，学问淹博，又有行动能力，实不能为蕺山思想所限，而开启了多方面的可能性，促成清学往实学与经学之转向。《明夷待访录》更打开了另一个重要的面相，此处无法申论。晚明知识分子不满王学末流清谈误国，转往经世致用之学。梨洲与同门陈确（乾初，1604—1677）的辩论清楚显示，他还可以守住师说的规模，乾初却滑落到"天理从人欲中见"，完全失落了"超越"的层面，而预告了"典范之转移"。历经颜元（习斋，1635—1704）的实用主义，到戴震

86　聂双江与王龙溪的辩论在《致知识辩》（见《王龙溪语录》），共有九难九答，牟宗三先生有详细的疏解，见所著：《从陆象山到刘蕺山》，页315—395。

（东源，1723—1777）的达情遂欲，完全弃绝了宋明儒学理想主义的传统，落入自然主义的窠臼。而清朝异族统治，经世致用之实学难以充量发展，又进一步转折为文献考据学。阎若璩（百诗，1636—1704）考《古文尚书》为伪作，发生了巨大的影响。他私淑梨洲，宗羲作《易学象数论》，力辩河洛方位图说之非，为考据学之先导。乾嘉以降，清代经学大盛，虽不乏一隐含之哲学，毕竟不以哲学为重点。一直要到清末民初受到西方强烈的冲击，发生意义与秩序的双重危机，[87] 现代新儒学才像凤鸟之浴火重生，开始了另一阶段的新机运。

87　Cf. Hao Chang, *Chinese Intellectuals in Crisis* (Berkeley, Los Angles, London: University of California Press, 1987).

第三部分　现代新儒学

前言：清代儒学的回顾

现代新儒学是对西方文明强力的冲击的回应，乘清代儒学之弊而起，故有必要对清代儒学作一简单的回顾。如前所说，明清之际发生了"典范转移"的变化。[1] 宋明儒学的共识为"天道性命相贯通"，至此已难以为继。平心而论，清儒要求"达情遂欲""经世致用""文献考据"，都有相当合理性。但推论过当，加上外在机缘条件不利，造成扭曲的效果，流弊无穷。到了清代末世，西风疾卷，传统所谓超稳定结构竟如摧枯拉朽般倒塌，又被迫做出更彻底的典范转移的变化。[2]

1　参第二部分注 22。我论现代新儒学的英文书的第一章即论明清之际的典范转移，"Paradigm Shift in the Transitional Period from the Late Ming to the Early Ch'ing," in *Essentials of Contemporary Neo-Confucian Philosophy*, pp. 1–19。

2　参拙作：《从典范转移的角度看当代中国哲学思想之变局》，现收入拙著：《儒家思想意涵之现代阐释论集》，页 105—120。

回到明末清初，三个新思潮都和黄梨洲有密切的关系。梨洲继承蕺山内在一元的倾向，以气质之性外别无义理之性，气外无理，超越义减煞，但还不至于沦为一个彻底自然主义的气化论者。这由他和同门陈乾初的辩论可以看得出来。乾初以天理由人欲中见，梨洲加以驳斥，认为蕺山论旨不可扭曲、滑落到这步田地。他虽也重视情，但还主张以理絜情，不似下一个世代的戴震攻击宋儒以理杀人，完全抖落了超越的层面，主张以情絜情。东原与乾初绝无渊源，可见"达情遂欲"的确合乎当时的需要。文化发展到某种程度，工商在社会中的地位上升，僵固的礼教不足以应付新的时势衍生的问题，就不免受到严厉的批判与质疑。但推论过当，以情絜情，未能树立分辨善恶的标准。东原反对以理絜情，犹如因噎废食，等而下之，驯至人欲横流，不可收摄为患。然清朝异族统治，以程朱为正统，有所约束，泰州之情识而肆受到抑制。而超越层面之抖落，导致批判精神之丧失。朱子可以依据超越之天理贬抑汉唐，清儒将"天理"虚化，礼教最终极的权威乃归之于皇权，不能不引生严重的后果。以后清代礼学大盛，然而这样的礼教却是丧失了朱子的精神只留下朱子的鬼魂的礼教。外在权威提升，内在体证减弱，体制僵固以后所产生的流弊，终于演变成为所谓的"杀人的礼教"，也就不足为怪了。

明亡促使知识分子痛切反省，顾亭林痛斥清谈误国，以托诸空言、不知见诸行事之深切著明也。习斋也讥刺王学末流"平日袖手谈心性，临危一死报君王"。梨洲更诉之实际行动，抗清失败，著《明夷待访录》，写出《原君》那样的大文章，痛批家天下的祸害。这是回归中国上古的传统，与现代西方建筑在利益平衡基础上的民主制度根本扯不上关系。清儒转往"经世致用"的实学无疑是一个正确的方向。然而抑于异族统治，爱新觉罗王朝提倡政治化的儒家，一方面笼络士人为其所用，另一方面兴文字狱铲除异己。在这种氛围之下，知识分子空怀经国济世的宏愿，毕竟难以落实，乃将精力贯注在文献考据的志业之上，既可超然避祸，又可回归实证。而清廷广修四库全书，既可得到尊重传统文化的美誉，又可严密控制思想文字的尺度。士人与统治者的配合终于让朴学成为清代儒学的主流，乾嘉考证盛极一时，其来有自。

其实明代儒学早已病王学末流游谈无根、束书不观的弊害。梨洲编纂《明儒学案》的创举，既重思想，也重文献。他精于考据，知道易图多属杜撰。这启发了阎若璩作伪古文尚书之考据，动摇了"危、微、精、一"道统之基础，发生了巨大的影响。[3] 王学末流以论代实，早已受到诟病，宋明理学本身即有回归经典的趋势，故清儒之重文献考据绝非凭空而起，除了外在因素，也有内在因素的渊

3　我曾经借田立克分别"耶稣学"（Jesusology）之考据与"基督学"（Christology）的信仰（Faith），指出朱子建立道统是"信仰"的层面，"人心惟危，道心惟微，惟精惟一，允执厥中"十六字心传虽出于伪古文尚书《大禹谟》，却并不足以动摇"道统"的基础。参拙著朱子一书，又参第二部分注 15。

源。[4]但乾嘉以后，饾饤考据蔚然成风，流于琐碎，也就不足为训了。梨洲本意在蕺山诚意慎独教的基础上面建造一个宏阔的系统，包含实学与考据的层面。可惜事与愿违，时代潮流不往他向往的方向走。蕺山之学以后，宋明理学成为绝响，梨洲尚能继承此一统绪，成为这门学问的殿军，却在无意中开启了清代实学与考据的风尚，故我以之为一位悲剧性的人物。[5]要重新恢复"天道性命相贯通"的睿识，有待于现代新儒学的兴起。

现代新儒学兴起的背景[6]

在康熙时代，教廷的"礼仪之争"（controversy over the rituals）终于告一段落，由保守派获胜，耶稣派以"天"相当于"上帝"的看法被拒斥，教徒祭祖被视为宗教行为，受到禁止，引起了巨大的反弹，康熙下令把遵从梵蒂冈指令的传教士驱逐出境。[7]这形成了锁国的效果。近三百

4　余英时即主内在渊源说，参所著：《历史与思想》（台北：联经，1976）。乃师钱穆则强调外在政治的因素，参所著：《中国近三百年学术史》。我的态度是开放的，不妨保留多元的视野，或者更能切当当时的情况。

5　欲知详情，请参拙著《黄宗羲心学的定位》最后一章。

6　近年来我集中做有关现代新儒家的研究，参拙著：《儒家思想意涵之现代阐释论集》（2000），《现代新儒学之省察论集》（2004），与 *Essentials of Contemporary Neo-Confucian Philosophy*（2003）。以下所论多根据这三部书。我的英文书并辟有专章分论冯友兰、熊十力、方东美、唐君毅、牟宗三，以及第三代新儒家的国际面相。

7　Jonathan D. Spence, *The Search for Modern China* (New York: W. W. Norton, 1990), pp. 71-72.

年来正当西方科技突飞猛进的当儿，中国却闭关自守。到了清末，西方帝国主义凭借船坚炮利，逼迫清廷签订一连串不平等条约。清末推行洋务运动，张之洞主张"中学为体，西学为用"，根本追不上时代的步伐。废科举已令儒学由中心退到边缘，1912年清廷覆亡，为"制度的儒家"（institutional Confucianism）画下句点。

民国肇建以后，政治并未转趋清明，军阀割据，列强环伺，真有孙中山所谓沦于次殖民地的危险。第一次世界大战结束，德国战败。中国并无实力，基于投机心理参战，侥幸得逞。梁启超率团赴欧，参加巴黎和会。中国虽忝居战胜国之列，却争不到任何权利。反倒日本的态度仍然咄咄逼人，胁迫北洋军阀政府秘密签订不平等条款。消息走漏，1919年5月4日激发学生爱国运动。故狭义的"五四"原本只是一场政治运动，而且当时胡适在北大，并不赞成学生积极参与现实政治。但不旋踵而"五四"发展成为一个广义的文化运动。一方面提出"打倒孔家店"的口号，把中国文化一切负面的因素均归咎于儒家；另一方面则推动西化，胡适一度支持全盘西化，后来又调整为一心一意的现代化。无论如何，孔子的追随者被视为过街老鼠，人人喊打。但很少人注意到现代新儒学浴火重生的契机也正在同时，可谓异数！

促成这样的变化的一个关键性人物正是梁启超（1873—1929）。梁启超虽不谙西文，但他熟悉日本方面的资料。他一向热衷于介绍西方的观念，努力引进西方的东西。但第一次世界大战却改变了他整个的观点。所谓进步的西方反而造成了毁灭性的后果。赴欧目睹欧洲的凋敝与残破，绝不可以作为中国走向未来的楷模。他重新看到传统之中一些有价值的成分。他在欧洲时撰写《欧游心影录》，在《时事新报》上发表，影响到在国内的梁漱溟，与随团到巴黎开会的张君劢，而打开了现代新儒学复兴的机运。

梁漱溟：现代新儒学的先驱人物

虽然美国学者艾恺（Guy S. Alitto）著书称梁漱溟为"最后的儒家"[8]，但后来中国大陆开放，他见到梁之后才发现梁的终极关怀甚至不是儒家。而且很明显的是，梁只是新儒学的先驱者，绝非其终结者。梁真是一位十分特立独行的人物。他绝非出身自一个保守的家庭，从小就读西文书，还雅好心理学。自幼他就想做和尚，深佩南京支那内学院欧阳竟无大师在唯识学的造诣。他在二十多岁时发表了一篇《究元决疑论》的文章，被蔡元培看中，邀他到北大教唯识与印度哲学。1917 年他去见蔡元培，就说他要为孔子与释迦说几句话。当时的北大兼容并包，既有传统派，也是改革派的大本营。梁进北大以后，思想上有了重

---

[8] Guy S. Alitto, *The Last Confucian: Liang Shu-ming and the Chinese Dilemma of Modernity* (Berkeley, CA: University of California Press, 1979）.

大的变化。他与胡适、李大钊私交甚笃，也不反对全盘西化。他现在认为，在年轻时不能就讲解脱道，先要完成在世间的责任，然后才能出世。于是这才娶妻生子。很少人留意到，早在1920年梁已经在校内作有关"东西文化及其哲学"的演讲，从10月起在《北大月刊》连载到翌年2月为止，并未定稿，其构思与写作更早，可以溯回到1919年6月。[9]新儒家为何那么快就能由灰烬中复生？很明显，梁所恢复的正是我所谓"精神的儒家"（spiritual Confucianism），与鲁迅《狂人日记》所谴责的"吃人的礼教"完全不是同一回事。梁1921年在山东济南第一中学演讲"东西文化及其哲学"，记录先由财政印刷局出版，当时并未引起广泛之回响。该书于1922年改由上海商务印书馆出版，一时洛阳纸贵，在短时间之内就销了好几版。他把问题放在整套文化哲学的架构下来考虑。他认为人类基本上有三种意欲：西方文化是以意欲向前要求为其根本精神的，中国文化是以意欲自为调和持中为其根本精神的，印度文化是以意欲反身向后要求为其根本精神的。西方是前进的文化，印度是后退的文化，中国是双行的文化。他感觉到印度与中国文化有"早熟"的毛病。中国在现阶段不可以走后退的道路，否则会有亡国灭种的危险，首先要毫无保留地全盘西化。但发展到一个阶段之后，西方那种戕

9　梁漱溟的生平与著作，参王宗昱：《梁漱溟》（台北：东大图书公司，1992）。

天役物、专讲功利竞争的文化不免漏洞百出，就要转趋中国重视人际关系、社会和谐的文化。到最后人终不能避免生死问题，乃有必要皈依印度的解脱道。但梁并没有说明，这样的转变如何可能在实际上做到。梁自承是思想家，不是学问家；他的中心关注在乡村建设的实践，乃辞去北大的教职荐熊十力代替。梁所提出的观念尽管粗疏，但他在西潮席卷之际，率先肯定中国文化的价值，还倡言以后西方文化也要走孔子的道路；并经历"文革"，在逆境中以具体行为展现了一个儒者的风骨；晚年虽因缺乏信息，完全与外面的世界脱节，在判断上有了问题，仍不能不推崇他为开风气人物的地位。

张君劢：科、玄学论战的主角

张君劢随梁启超赴欧参加巴黎和会，与地质学家丁文江同房，二人谊属好友。张曾留学德国，深受奥伊肯（Rudolf Christoph Eucken）精神哲学理想的启发与激励，也激赏柏格森（Henri Bergson）所倡导的"直觉"（intuition）。回国之后，1923年张对清华学生演讲，对立科学与人生观，而挑起了科、玄学论战。[10] 张认为科学是客观的，重逻辑方法，取分析进路，服从因果律，取同而

10　Cf. D.W. Y. Kwok, *Scientism in Chinese Thought, 1900-1950* (New Haven and London: Yale University Press, 1966).

略异；人生观则是主观的，重直觉体证，取综合进路，尊意志自由，强调性格之殊异。结论是科学无论如何发达，也不能够解决人生问题。丁文江立即提出反驳，用词尖利，讥讽张为玄学鬼。丁深受英国经验主义影响，他引用的是马赫（Ernst Mach）与皮尔逊（Karl Pearson）。他强调科学的发展势必对人生有巨大的影响，他所关心的只是现象的一致与关联，不去追问现象后面的本体。这一场笔战的水平并不高，可谓情胜于理。张过分强调人生观的主观性而不免受到攻击。丁背后的立场其实是一套科学主义（scientism），而非科学本身。当时许多学者都卷入论争，就声势而言，似乎支持科学一方面的人数众多而占了上风。但事后检讨，张的想法与做法绝不会是反科学，而人生的意义与价值问题并不能由科学来解决。张君劢后来涉足政治，为民社党的党魁。《中华民国宪法》即由他起草完成。1949 年后，他流寓海外，在美国出书论宋明儒学。正是由他的推动，唐君毅起草了《中国文化与世界宣言》，由他们二人与牟宗三、徐复观共同签署，于 1958 年元旦同时在《民主评论》与《再生》发表，成为当代新儒家的标志。这是后话，暂时在这里搁下不提。

现代新儒家的"三代四群"架构

由以上所论，可见现代新儒学的两位先驱人物在一开始时，并没有形成一个学派的意图。故澳洲学者梅约翰（John Makeham）认为，现代新儒学作为一个思潮是倒溯回去建构出来的结果。[11] 这样的说法不无他的道理。中国大陆于 1986 年国家教委七五规划，确定"现代新儒学思潮"为国家重点研究项目之一，由方克立、李锦全主持，为期十年。1987 年 9 月在安徽宣州首次召开全国性的会议。最初根本不知道谁应该包括在这个思潮里面。经过广泛讨论，首先确定了一个十人名单：梁漱溟、熊十力、张君劢、冯友兰、贺麟、钱穆、方东美、唐君毅、牟宗三、徐复观；后来老一代又补上了马一浮，较年轻一代则加上了余英时、杜维明、刘述先，最后还补上了成中英。[12] 白安理（Umberto Bresciani）在 2001 年出版第一部以英文讨论这一思潮的著作即采用了这一份 15 人的名单。[13] 但他把业师方东美放进第二代的阵营显然欠妥，因为他与熊十力平辈论交，又教过唐君毅，不能因为第三代的学者有的是他的弟子，就把他与唐、牟平列。又有学者指出，冯友兰虽比梁漱溟只小两岁，但思路不同，应该归入另一个世代。如此大家意见纷纭，莫衷一是。我综合了各家的说法，提出了一个"三代四群"（four groups in three generations）的

11　John Makeham, ed., *New Confucianism: A Critical Examination* (New York: Palgrave Macmillan, 2003).

12　参方克立：《现代新儒学与中国现代化》（天津：天津人民出版社，1997）。

13　Umberto Bresciani, *Reinventing Confucianism: The New Confucian Movement* (Taipei: Ricci Institute, 2001).

架构如下：

第一代第一群：梁漱溟（1893—1988），熊十力（1885—1968），马一浮（1883—1967），张君劢（1887—1969）。

第一代第二群：冯友兰（1895—1990），贺麟（1902—1992），钱穆（1895—1990），方东美（1899—1977）。

第二代第三群：唐君毅（1909—1978），牟宗三（1909—1995），徐复观（1903—1982）。

第三代第四群：余英时（1930—），刘述先（1934—），成中英（1935—），杜维明（1940—）。

这一份名单与架构虽不很理想，总算是到目前为止，照顾得比较全面的一种办法。把这个架构与现代新儒家思潮的四波（four waves）发展配合起来看，就可以大体把握到这一思潮的脉动。

另一个相关的问题需要澄清的是，"现代新儒学"是中国大陆当前流行且为学者普遍接受的一个名称，英译为"Contemporary New Confucianism"，这是广义的了解，凡肯定儒家的一些基本观念与价值通过创造性的阐释有其现代意义者，都可归入这个范围。但港、台、海外另有一条狭义的"当代新儒家"的线索，此以《中国文化与世界宣言》为基准，强调"心性之学"为了解中国文化传统的基础，上溯到唐、牟、徐三位之师熊十力，奉之为开祖，下开港、台、海外新儒家的线索，由杜维明、刘述先等所继承，英译为"Contemporary Neo-Confucianism"。这样可以解消一些无谓的争端。譬如像钱穆与余英时明显属于"现代新儒学"的阵营，而不属于"当代新儒家"的统绪。而在当前，有活力的儒家传统除了"精神的儒家"以外，还有"政治化的儒家"，以李光耀为代表，"民间的儒家"则以亚洲四小龙（港、台、新、韩）为代表，都不在我们讨论的范围以内。[14]

四波发展的过程

新儒学由二十世纪二十年代开始，每二十年为一波，到二十世纪八十年代总共四波发展，分别有其特色。

二十世纪二十年代梁漱溟、张君劢启其绪。他们绝不是抱残守缺之辈，而是跑到时代的前面，看到所谓进步的西方其实有非常严重的问题。当然这绝不是偶发的孤明。第一次世界大战之后，斯宾格勒（O. Spengler）的《西方的没落》（*The Decline of the West*）成为热卖的畅销书。但儒学者拒绝其命定论（fatalism），努力造命，指出未来的方向不是盲目地追随西方，而是传统与现代的结合，为中国为世界谋求一条出路。第一代的马一浮因缺乏广大的影

14　读者对这些方面有兴趣，可参阅拙作：《儒学的理想与实际——近时东亚发展之成就与限制之反省》，现收入拙著：《儒家思想意涵之现代阐释论集》。当然无可讳言，我的研究集中在"精神的儒家"，尤其专注在哲学方面。由此可以看到我的视域的中心关注以及限制之所在。

响力，暂时搁置不论。

然而帝国主义猖獗，日寇入侵，二十世纪四十年代抗战军兴，进入一个新的阶段。北方的学府北大、清华、南开随政府迁往大后方，组织西南联大。面临亡国灭种的威胁，中国知识分子并不悲观绝望，反而激发斗志，对未来抱有无穷希望。1938 年冯友兰随清华南迁，在最艰困的环境之下，撰写并出版了《新理学》(1939 年)，接着又出了五本书，所谓"贞元六书"，援《易》"贞下起元"之意，建构了他的哲学系统。钱穆抱着他的手稿跑防空洞，于 1940 年出版《国史大纲》，提出了他的民族史纲。方东美本来专攻西方哲学，于抗战前夕广播，向全国青年宣讲"中国先哲的人生哲学"，以后发心以英文论述中国哲学。熊十力以年辈而论，本属第一代第一群，然在二十世纪二十年代并无广大社会影响，除佛教界外鲜为人知。到 1944 年商务印书馆出版其《新唯识论》(白话文本)，咸认为中国哲学最具原创性之作，下开新儒学第二代，故移到二十世纪四十年代才加论列。

二十世纪六十年代是第三波。儒家自孟子起，即了解所谓"生于忧患而死于安乐"(《孟子·告子下》)。1949 年中国发生巨大变革。第一代只张君劢去美国，钱穆则与唐君毅流亡到香港，创办新亚书院；方东美、牟宗三、徐复观迁台，甘愿做"孤臣孽子"。不想朝鲜战争爆发，海峡两岸演变成为长期对峙之势。他们乃由文化的存亡继绝，转上了学术研究的道路。1958年元旦发表的宣言成为狭义当代新儒家的标志。第二代新儒家不断出版皇皇巨著，方东美也完成了他的英文论著，钱穆则出版了他的《朱子新学案》的伟构。他们并传道授业，教出了下一代的弟子，薪火相传，为新儒学放一异彩。

二十世纪八十年代是第四波。美国自朝鲜战争、越战以后无复往日的自信，尖端知识分子的批判意识上升。随着黑人争人权、平等待遇的趋势，多文化主义思想流行。而二十世纪七十年代亚洲经济起飞，令世界刮目相看，对儒家文化的评价改变了态度。而部分第三代新儒家由港、台流寓海外，受过严格西方学术训练，并在海外谋求一枝之栖。到了二十世纪八十年代，学术渐渐成熟，站在中国文化立场发言，由于处境不同，他们不再像上一代那样护教心切，只需在世界众多精神传统站稳一席地，与其他传统相互颉颃，调和共存，交流互济，便已经足够了。所谓立足本位，扩大自己，放眼世界，自然而然获得了前所未有的国际视野。第三代新儒家自远不限于海外的分支，第四代新儒家也还在方兴未艾，但都不在我们论述的范围之内。但由以上所说，已可清楚地看到现代新儒学的梗概，以下将分别介绍冯友兰、熊十力、方东美、唐君毅、牟宗三的哲学。

冯友兰的新理学系统[15]

冯友兰在北大毕业之后，追随胡适的步伐，也去哥伦比亚大学留学，在杜威（John Dewey）的指导之下完成博士论文："A Comparative Study of Life Ideals: The Way of Decrease and Increase with Interpretations and Illustrations from the Philosophies of the East and West"（《损益之道：东西人生哲学理想比较研究》）。然而他的思想却更受到当时流行的"新实在论"（Neo-Realism）的影响。这使他和北大时期教过他的梁漱溟分道扬镳。他不再崇信直觉，也不由中国哲学的立场立论，而把中国各家各派哲学放在世界哲学的框架来讨论。

返国之后，冯完成了他的哲学史，不像胡适只出了古代的部分，声名大噪。刚出时书评谓其引用材料过多，自己的意见过少，哪知后来反而成为此书的优点。冯的学生卜德把书译为英文，在二十世纪中叶出版，一直到如今还是标准教科书，令冯成为国际知名的学者。胡适曾讥此书以正统派观点撰写，冯也居之不疑。但第二代当代新儒家以冯氏用新实在论所谓"共相"（universals）释朱熹的"理"根本不谛，还自居正统，真不知隔了几重公案！冯

15　有关冯友兰的生平与著述，参所著《三松堂全集》（郑州：河南人民出版社，1985—2000），共十五卷。我的英文书 *Essentials of Contemporary Neo-Confucian Philosophy* 有专章讨论冯友兰的哲学。

自己回顾写哲学史最得意处在顺着胡适开创的名学发展史的线索，更进一步做出了惠施（合同异）、公孙龙（离坚白）的分别，也在二程之间做出了分疏：明道为主观唯心论，伊川为客观唯心论。其背后均预设了新实在论在"共相"和"殊相"（particulars）之间所做出的分别。有评言胡适的中国古代哲学史像西方人写的中国哲学史，冯友兰何尝不是以西方观念扭曲了传统中国哲学的意涵。无论如何，冯著哲学史在当时以留洋归来专业学者的身份首先重新肯定了孔子的地位和重要性，还是值得大书特书的一件事情！

但冯氏并不满足于只做一个哲学史家，在抗战时期他出"贞元六书"：《新理学》（1939年）、《新世训》（1940年）、《新事论》（1940年）、《新原人》（1943年）、《新原道》（1944年），与《新知言》（1946年），而完成了他的"新理学"（广义）的哲学系统。

在《新理学》一书中，冯提出了他的哲学总纲。受到逻辑实证论（logical positivism）的冲击，他认为哲学上的一些基本概念的内容是空的，却反而大有意趣，可以建构一套新玄学，展示了所谓无用之用。在他的系统中，有四个基本的"逻辑概念"，即（一）理，（二）气，（三）道体，（四）大全。由"有事物存在"这样一个多数人不会否认的事实做出发点，他推出了存在必有存在之"理"。例如飞机，在古代并没有飞机存在，后来才发明了飞机，但飞机之所以能够制造出来，就说明必有飞机存在之理。个别的飞机有成有毁，飞机之理却是永恒的。这相当于希腊哲学存在论所谓的"形式因"（formal cause）。但个别事物要实际存在，光靠理不行，还得需要"气"，这相当于希腊哲学所谓的"质料因"（material cause）。而"原质"（prime matter）的观念也由推论而得，不是由感官知觉可以把握的实物。冯进一步推论，世界事物变动不居，还需要有"道体"的概念，相当于希腊哲学所谓的"动力因"（moving cause）。但也在此处可以看到中西哲学的差异。希腊哲学严分"永恒的存在"（eternal being）与"生成变化的过程"（becoming process），以至柏拉图有"理型"与"事物"分离的问题（chorismos problem）。中国古代，无论儒家、道家都把"道"（Tao, the Way）理解成为一个力动的概念。《易系》所谓"形而上者谓之道，形而下者谓之器"，两个层次虽有分别，但道器相即，没有困扰希腊哲学的分离的问题。同时世界虽变动不居，却又井然有序，故他又推论出"大全"的概念。通体"宇宙"，包含上下四方、古往今来，息息相关。现存宇宙秩序只不过是诸多可能的宇宙秩序中间的一个而已，故必预设大全，才能容许"潜能性"（potentiality）转变发展成为"现实性"（actuality）。如此冯声言他单用逻辑概念就可以建构一个形而上学的系统出来。而科学、玄学的差异在：科学研究实存的事物以建立普遍的法则，玄学则运用哲学分析以建构逻辑的概念。由此可见，哲学不能积累经验知识，戡天役物，但可以澄清我们的心思，提升精神的境界。只有在了解哲学之"无用"之后，才能体现哲学之"无用之用"。

在冯的构思之中，他的哲学系统要对付自然、社会、生命三个层次的问题。《新理学》提供了理论基础，在紧接着出版的《新世训》与《新事论》之中，他尝试把自己的观念应用在社会科学的范围之内。在中国当前必须面临的最大的问题为现代化，他认为西方文明中的共相可以转移，故必须尽快工业化。同时他也吸收了一些马克思的观念，注意到生产力的问题，而提议必须把基本单位由家庭转往社会。在他的思想中是有一些社会主义倾向的。但他后来自承，对社会构造的了解不足，所以以后不再讨论这方面的问题。

《新原人》的重要在他提出了四层境界说。最低的是：（一）生物境界，在这个阶段人与其他动物并没有很大的分别，依赖的是本能。但人的心智有进一步的发展，追求自利，而开拓了（二）功利境界。更上一层，人不只自利，还要利他，显示了更高尚的情操，而提升到（三）道德境界。最后，人可以杀身成仁，舍生取义，由有限通于无限，体现到天地万物一体的（四）天地境界。《新原道》提出了他对中国哲学的综观，此书有 E. R. Hughes 的英译。《新知言》则是有关方法论的讨论。由理的反省到境界的提升，有谓冯的思想发生了根本的变化。但冯否认这种说法，他认为自己的思想前后一贯，只是重点由"抽象的"（abstract）共相转移到"具体的"（concrete）共相。他的哲学是柏拉图、新实在论、朱熹理学的综合。

二次大战之后内战爆发，冯在1946年到1948年访美，但他不顾友朋的劝告，坚持要回国。在1949年中华人民共和国成立以后，冯历经反右、"文革"，多次被迫自我批评检讨，最后终于自弃立场参加反孔行列。1982年在夏威夷开国际朱熹会议时，他曾当众忏悔未能"修辞立其诚"。"文革"时期冯曾写《中国哲学史新编》两册，"四人帮"倒台后，他又重新再写，1990年逝世前完成七卷，陆续出版。

改革开放之前冯没有可能发展他自己的哲学，但他不断做出适应，提出自己对中国哲学的阐释，而不断受到批评检讨，冯亦锲而不舍，至死才休，展现了他惊人的韧力。举例说，他提出了"抽象继承法"，其实还是他原来思想的变形，认为共相是可以继承的。

《中国哲学史新编》到了第七卷，的确出现了一些不一样的东西。他检讨了他自己的哲学。从某方面说，他又回到了"贞元六书"的立场。但他也承认自己犯下错误，因受到新实在论的误导而把共相理解为分离的"潜存"（subsistence）。就这方面来说，他承认在清华的同事金岳霖比他有更正确的理解。而他现在倾向于承认"理在事中"，不像以前那样坚持"理在气先"的观点。他对毛泽东思想也作了分析。他认为毛在建国之前一直尊重客观的事实，但成功之后不免过分自信，发动"文革"，落入了毛自己以前所批评的"左倾"冒进主义的陷阱，而造成了巨大的灾难。这样的说法与官方立场其实相差并不太远，只不过出自他之口，令人感到有些不妥罢了！出问题的议论在于，他回归北宋张载的睿识，无论有多大矛盾对立，最后"仇必和而解"。而毛却会坚持阶级斗争的立场"仇必仇到底"，这是冯不赞成的观点。而冯写完全书，吐露了自己的心声，有了在天空自由翱翔的感觉。

我并不认为冯是一位杰出的哲学家。他对西方哲学的了解也相当有限。譬如他受到逻辑实证论的启发，用四个他所论"空"的逻辑概念建构了一个哲学系统。但对逻辑实证论者来说，空的只能是形式逻辑（数学）未经解释的符号系统，冯所谓飞机之理虽不是现实存在，却已经是有内容的概念。而冯所建构的形而上学仍然只是缺乏"认知意义"（cognitive meaning）的逻辑概念游戏而已，至多只能给人以"情感意义"（emotive meaning）的满足！事实上，只有科学通过证验的步骤才能建立有普遍性的规律与共相。我并不赞同逻辑实证论的见解，我只是要指出冯之所谓"空"的概念并非逻辑实证论者所理解的"空"的意思。而冯用新实在论的"共相"去解释朱熹的"理"也同样是误释，因而受到了港台新儒家的批判！

但无论我们对冯的睿识与学力如何有所保留，他在现代新儒学发展的过程中还是占有一席重要的地位，理由可以列举如下：

（一）他是梁漱溟之后第一位专业学者在反孔的时潮下由正面凸显出孔子的地位和重要性。

（二）他的写作清楚而富有说服力，连高中生都看得懂，在社会上有广大的影响。

（三）他的中国哲学史被译为英文，历经半个世纪至今还是西方标准的教科书，没有另外一部书可以取代它的地位。

（四）甚至在 1949 年以后，他仍不断写作，迫使大陆学者不断对他的说法做出回应。而他在北大教了几十年书，十年"文革"的灾难之后，今日在中国哲学方面活跃的学者多半是他的门生故旧。

有鉴于此，我才辟专节讨论冯友兰的思想。但港台海外新儒家的发展则与他一点也没有关系，那得追溯到完全不同的渊源。

熊十力的精神世界[16]

冯友兰的《新理学》初出，贺麟就批评它只讲理气论，

16　我中文有关熊先生的论述不很集中，散见拙著《当代中国哲学论：人物篇》诸书，反而英文有比较系统的陈述。英文《中国哲学百科全书》（熊十力）的长条文即由我撰写，参 Shu-hsien Liu, "Hsiung Shih-li," in Antonio S. Cua, ed., *Encyclopedia of Chinese Philosophy* (New York: Routledge, 2003)。又拙著 *Essentials of Contemporary Neo-Confucian Philosophy* 有专章讨论熊十力的哲学。

忽视心性论，而预言新儒家的复兴，前途在新心学。可惜贺麟自己只提出了这样一个想法，缺少进一步的举动。而新心学的实际建构乃来自一个完全意想不到的泉源。

熊十力本属现代新儒家第一代第一群，因在二十世纪二十年代无广大社会影响，故移到二十世纪四十年代来讨论。1944 年《新唯识论》白话文本由重庆商务印书馆出版，为中国哲学会所肯定，被誉为最有原创性的哲学著作，受到各界推崇。陈荣捷先生说："梁（漱溟）给予儒家仁的概念以力动直觉的新释，但他没有造一个自己的哲学系统。熊则做了这一件工作。此外，他比任何其他当代中国哲学家影响了更多年轻的中国哲学者。"[17] 这里面即包括了第二代的唐君毅、牟宗三、徐复观等人。唐君毅自承年轻时做中西哲学比较，因《易》言"神无方而易无体"，乃以中国先哲之宇宙观为无体法，师友交相赞美，却受到熊先生的斥责，务求"见体"，后来才找到学术的正途。[18] 牟宗三更讲了一个富有戏剧性的故事，他在北大读书时有一次在熊先生寓所，听到冯友兰谓"良知"是个"假设"（postulate），熊先生直斥以为不当，谓"良知"乃是"呈现"（presence）。这是霹雳一声，震醒了宋明理学自清代以来失堕的学脉。[19] 徐复观则在回忆中感谢熊先生给他起死

17　Wing-tsit Chan, trans. and comp., *A Source Book in Chinese Philosophy* (Princeton, NJ: Princeton University Press, 1963), p. 76，这段中文由我译出。

18　唐君毅：《中国文化之精神价值》（台北：正中书局，1953），自序，页 1—3。

19　牟宗三：《生命的学问》（台北：三民书局，1970），页 136。

回生的一骂。如此无疑确定了熊十力为狭义的当代新儒家开山祖的地位。

熊出身贫家，曾加入军旅，参与革命活动。然而民国肇建之后，军阀割据，政事日非，痛感革命不如革心。他因写信给报纸毁佛，被梁漱溟斥责。不想他不以为忤，登门虚心求教。梁介绍他到南京支那内学院跟随欧阳竟无大师学唯识学。两年之后，梁离开北大，荐熊以代。熊担任讲师，勤力编写讲义，数易其稿。终于对整个唯识学不满，造《新唯识论》（文言本，1932年），归宗大易，深信宇宙起源绝非"无明"，《易》谓"乾知大始，坤作成物"。人人皆可体证内在乾元性海。此书出版，在佛教界引起轩然大波。内学院出书《破新唯识论》，斥其叛师。但熊坚持己见，所谓吾爱吾师，吾犹爱真理，著《破破新唯识论》予以还击。梁后来深悔介绍熊去北大教唯识。熊就是这样一位富于争议性的人物。[20]

新论白话文本出版，是一座里程碑，稍后又有《十力语要》出版，由此二书可以把握到熊的哲学要义。新论开宗明义，就做出了"量智"和"性智"的分别。"量"的观念来自印度哲学，意思是认知的方法。正理派（Nyāya）指出，有四种认知的方法："现量"指感官知觉，"比量"

---

20 所有相关文献，见《熊十力全集》（武汉：湖北教育出版社，2001），十卷。熊一生重要的著作，以1949年为分界线，早期有《新唯识论》（白话文本，1944）、《读经示要》（1945）、《十力语要》（1947）；后期有《原儒》（1956）、《体用论》（1958）、《明心篇》（1959）、《乾坤衍》（1961）等书。

指逻辑推理，"譬喻量"指类比，"圣言量"指遵从圣者的指示所做的体证。熊的"性智"相当于圣言量的层次。但在中国传统，圣凡的本性并无差别，人人都有与生俱来的"良知"，这是由孟子到阳明的一贯传统。建筑在感官知觉和逻辑推理的经验知识向外追逐，只能捕捉现象，量智的构画永远不能"见体"，无法把握形而上的真相。这一点他始终坚持，到晚年并没有任何改变。在《原儒》（1956 年）中他说："余平生之学，不主张反对理智或知识。而亦深感哲学当于向外求知之余，更有凝神息虑、默默自识之一境。"[21] 量智和性智之间有一种辩证的关系，一旦体证性智，则量智莫非性智之发用。

　　熊对唯识学虽然不满，但他的入手还是走唯识的道路。所谓万法唯识，世间现象变动不居，绝没有外在永恒不变的实体。"遍计所执"即堕泥犁；一切都是缘合而生，缘散而灭，所谓"依他起"；现象宛然而有，当下即空，即是"圆成实"。三性是遍计所执性，依他起性，圆成实性。进一步又有三无性："相无自性性""性无自性性""胜义无自性性"。唯识宗对现象的构成有详细的分析，总共是八识。前五识是眼、耳、鼻、舌、身，向外摄取信息，第六意识为综合识。而这一切源于内在对自我的执着，是为第七"末那识"（manas）。而末那识所执着的对象为"阿赖耶

21　熊十力：《原儒》（香港：龙门书店重印，1970），页 7。

识"（ālaya），又称藏识，里面包含染净无穷种子。佛家修行转识成智，净种发用，阿赖耶识乃转变成为第八无垢识。熊先生对此不满，认为将生灭、不生灭截成两片。唯识宗强调现象分析，是为有宗。龙树则一味破相显性，是为空宗。空宗破因果、破实体论证，与休谟（David Hume）同功。但休谟停留在怀疑论，龙树却由此悟道，不落空有两边，真空妙有，二谛（真谛、俗谛）圆融，体现中道。熊盛赞空宗的遮诠，但不能积极正面处理创造性的问题，故有必要回归儒家大易生生之旨，始得彻法源底。

由量智的构画绝不能见体，要建立形而上学，必须仰赖性智。儒家传统孟子道性善，《中庸》谓天命之谓性，人人都有内在之根源可以体证天道，后来宋儒所谓"天人合一"，大宇宙（macrocosm）与小宇宙（microcosm）息息相通。熊最爱的比喻是海水与众沤，一滴海水在本性上并无殊于整个海洋。相当于性智与量智的分别。熊又做出"本心"与"习心"的分别。本心空灵明觉，故孟子尽心、知性即所以知天。习心的根源虽不外本心，但习于外驰，久假不归，以至婢做主人，造成障蔽。一旦去蔽，则量智（习心）莫非良知（本心）之发用。由量智可以建立科学，由性智才可以建立玄学（形而上学），二者分别的特色如下。科学：（一）必假设宇宙之客观存在，不由吾人主观之想象随意更动。（二）科学真理通过感觉经验建立，必须通过经验加以检证。（三）科学研究结果一旦得到承认，就会在相当长的一段时间之内得到肯认。（四）只要外在条件不变，这些科学真理也维持不变。（五）但科学真理虽有相当稳定性，却并非绝对不可改易。科学之对象既为殊异之存在或事件，所关注为事件之间的关联，故科学真理为多，非一。（六）科学用假设方法，虽源出主观，却有客观的效用。与此相对，玄学：（一）关注的是所有存在之本体。（二）此体绝待，不需要任何理由支持其存在，既非理智可以把握，也非言语可以形容、描述。（三）此体只有通过内证，达到主客融和、内外一如、万物一体的境界，超越一切关系概念与理智构画，最为"简易"，所谓易简而得天下之理是也。

科学、哲学分别有其定位。作为哲学家，熊的主要关注无疑在形而上学方面，其论旨可以归结成为"体用不二"、"翕辟成变"。体用是传统观念，北宋程颐曾谓"体用一源，显微无间"，熊继承的正是这一传统而提供了全新的阐释。体即默运在天地间生生不已的道体，而体用不二，离用无法见体。但何以还会有障碍呢？熊借助于易的"翕"、"辟"来阐明他的思想。道体生生不已，翕以成物，不期而然产生一种惰性，这就需要辟，重新回返刚健不已的生道。在这个层次，必须把重点放在"内圣"的功夫。但儒家传统不能止于个体的修身，还要开拓"外王"的事业。

熊的形而上学在早、晚年并没有重大的差别，只是在晚年更着重体所包含的复杂性，这才能够解释变化的多样性。特别需要提出来讲的一点是，翕有物质的倾向，辟显示精神的作用，熊以"物"、"心"为同一本体所展示出来的两种相反相成的"用"，不能上升成为"体"。故他不赞成唯物论或唯心论，直到1949年后，仍然坚持己见，堪称异数。但在社会哲学方面，熊的"外王"思想，通过《原儒》表达出来，却有了巨大的变化。熊到晚年，深信六经（易、诗、书、礼、乐、春秋）皆孔子晚岁所作，然为后世奴儒所改窜，以至丧失《春秋》所谓微言大义，必须扭转过来。他攻击孟子为"孝治派"，自此孔子在《礼运》宣扬的"大同"理想流失，堕落为"小康"思想，拥护君主专制。汉代以来两千多年国史沉沦在黑暗之中，有必要革命，开创一片新天地。[22]

熊先生晚年驰骋玄想，对经典解释每以己意逆之，缺少文献考据的基础，发为许多非常怪异之论，即亲炙弟子也难以苟同。举例说，《易·乾象》曰："首出庶物，万国咸宁"，他解释为先有人民革命，而后天下太平。熊以《易》为群经之首，孔子曾订《诗》《书》、赞《礼》《乐》。《诗》存下民之哀吟，《书》则屡经改窜无多大用处，《乐》早已失传。《礼》独重《周官》，因其阐说均平理想，制度

22　家父刘定邦（静窗）先生为熊先生晚年最亲近的后辈友人之一，宗主华严，曾与熊先生针对儒佛问题做了两场激烈的争辩。后来归于平淡，家父殁后为熊先生最想念的人之一。1978年我首次返大陆，在家中阁楼的一个帽匣中发现父亲和熊先生十年来（1951—1961）的论学书简，对熊先生晚年思想转变和写作的情况提供了宝贵的资料。参刘述先编：《熊十力与刘静窗论学书简》（台北：时报文化，1984）。

规划想必出自圣人之心，而不理学者以之为伪作的质疑。他特别称颂《礼记》中的《礼运·大同篇》，抨击后儒一直到康有为止，均已失落大同理想。他主张废除私有财产。他重新阐释《春秋》三世（据乱世、升平世、太平世）之旨，实指向一理想乌托邦的世界。

有谓熊晚年著述有依附当道之嫌，这样的指控是没有根据的。当然他不免受到时代浪潮的冲击，而有趋时的面相，但他不接受唯物论，光就这一点已显示了他非凡的道德的勇气。他晚年的社会哲学思想与其说是媚世之作，不如说他认为孔子的智慧先发，而吁请当道努力实现传统中本有的理想。但"文革"以前他已陷入孤立状态，没有几个人可谈，"文革"之时老耄衰翁仍不免受到凌辱而死，至以为憾。但他所开启的精神世界，却在无意中播下了种子，在港台地区及海外开花结果，堪称异数！

方东美的文化哲学伟构[23]

与熊先生平辈论交而年事较轻的另一位特立独行的学

---

[23] 我曾应邀拟传撰写《方东美传》，又撰文论：《方东美哲学与当代新儒家思想互动可能性之探究》。二文现收入拙著：《现代新儒家之省察论集》。《方东美全集》由黎明文化公司出版，包括一些由录音整理出来的演讲集。英文著作有三本：Thomé H. Fang, *The Chinese View of Life* (Hong Kong: Union Press, 1957), *Creativity in Man and Nature* (Taipei: Linking Publishing, 1980), *Chinese Philosophy: Its Spirit and Its Development* (Taipei: Linking Publishing, 1981). 最后这一部扛鼎之作，由孙智燊译出：《中国哲学之精神及其发展》，上册曾由台北成均出版社于 1984 年出版，全本现收入 2006 年新出的全集之内。

者是业师方东美教授。方系出桐城望族，自幼饱读诗书。在金陵大学读哲学时，适逢杜威访华，一度曾被实用主义吸引。后来出国留学，在威斯康星写英美新实在论的博士论文。因阮囊羞涩，论文未及印出即提早归国。先在武汉大学一年，而后转南京，在中央、政治大学建校之前即已开始任教。抗战时迁重庆，藏书存稿尽失，受拉达克里希南（Sarvepalli Radhakrishnan）影响，誓以英文论述中国哲学。后迁台，任教台大，退休后担任辅仁讲座。一生育英才无数。

东美师的思想有一宏伟的比较哲学格局，哲学与文化之间有密切不可分割的关联，他在中西文化之外，兼及印度，东方包括中国、印度，西方则划分成为古希腊与近代欧洲而形成一个四分格局。这是日积月累长期发展的结果。现将东美师一生重要的著作略述如下。

1936年出版第一部专著《科学哲学与人生》，比论古希腊与近代欧洲的世界观与人生观，颇惊心于西方现代文明背后的虚无主义，而回心向往古典希腊理性和谐的境界。是年春适中国哲学会南京分会成立，因草就《生命悲剧之二重奏》长文，当众宣读，其题旨恰为本书之结论，乃汇集而成此编。下年初的另一件大事是在中国哲学会第三届年会宣读论文《哲学三慧》，因受战乱影响，延至1938年才发表。此篇言简意赅，一生思想规模俱在，比论希腊、欧洲、中国之哲学智慧，畅发三慧互补之旨，格局恢宏，向往完美境界，以寄望于哲学发展的未来。

此后垂二十年，先生惜墨如金，并未发表任何著述。抗战之后，接着内战。1947年渡海赴台，翌年执教台湾大学哲学系，短期负责系务，做出规划以后，即专职教学之事，到1973年退休，曾两度获得台湾当局教育主管机构颁发之杰出教师奖（1956年、1964年）。1956年发表《黑格尔哲学之当前难题与历史背景》长文，意在借题发挥，结束数十年来科玄之争。这是晚年亲笔所写唯一有分量的中文著作。但演讲不断，门庭广阔，政要如王升、潘振球辈均列门墙。1957年出版第一本英文书《中国人的人生观》，文字典雅，理想超卓，惜曲高和寡，少有人解。中间曾两度赴美讲学（1959年、1964年）；参加在夏威夷举行之第四届与第五届东西哲学家会议（1964年、1969年），发表重要论文；1973年又应邀再赴夏威夷参加王阳明五百周年纪念会；这些英文论文均已结集由联经出版公司于1980年出版。1976年东美师终于以十年之力完成英文《中国哲学之精神及其发展》之皇皇巨著，不幸于翌年逝世，未能目睹其出版。此书后来在1981年由联经出版公司承印，附录中留下庞大写作计划存目：书名为《比较人生哲学导论》，副题为"生命理想与文化形态"，内容遍及宇宙、人生问题，通贯希腊、欧洲、印度、中国文化。东美师历年讲课，已有相当端绪，惜未属稿，遽尔仙逝，令人空余怅惘之情。由以上所说，可见不能把他归入哪一门派。他自谓，在教养上，他是儒家；在气质上，他是道家；在宗教向往上，他是佛家；在训练上，他是西方人，可谓得其神髓。但他以先秦儒学为最健康之生命情调，称颂孔子为圣之时者，秉承孔子兼容汲取各家思想的精神，把中华文化发扬光大，则大陆流行观点把他收入现代新儒学的行列，也不能说没有相当理由。当然他因不喜宋明儒学门庭狭窄、思想混杂，绝不能归入狭义当代新儒家的统绪，事至显然。我在下面将介绍东美师文化哲学与中国哲学的睿识，主要取材自《哲学三慧》与《中国哲学之精神及其发展》。

如果天底下如《科学哲学与人生》所展示的，只有两个价值文化系统可供选择，无疑先生会选择希腊，而不是欧洲。但另外还有意义更为冲远平正的中国价值文化系统，理论效果就完全不一样了。《哲学三慧》虽只是先生三十多岁的少作，但却具备了一生主要思想的雏形，言简意赅，含义慧富。由此文可以看到先生的文化形态学受到斯宾格勒的影响至深，但不接受其定命论，在文化形态学之外还要进一步考虑文化之生态、创造的问题。而先生通过其独特的解释，颇钟意于尼采（Friedrich Nietzsche）的大地福音、超人理想，但不取其彻底否定传统的态度。以下节抄该文重要段落，便知梗概：[24]

---

24 《哲学三慧》现收入方氏著：《生生之德》（台北：黎明文化事业公司，1979），页 137—158。

甲、释名言

1.　太初有指，指本无名，熏生力用，显情与理。

1.1　情理为哲学名言系统中之原始意象。情缘理有，理依情生，妙如连环，彼是相因，其界系兮可以直观，难以言表。

4.1　哲学智慧生于各个人之闻、思、修，自成系统，名自证慧。哲学智慧寄于全民族之文化精神，互相摄受，名共命慧。本篇诠释依共命慧，所论列者，据实标名哲学三慧：一曰希腊，二曰欧洲，三曰中国。

乙、建义例

一、标总义

1.　观摩哲学可分两途：（一）智慧本义；（二）智慧申义。共命慧属本义，自证慧属申义，共命慧统摄种种自证慧，自证慧分受一种或多种共命慧。

2.1　希腊人以实智照理，起如实慧。

2.2　欧洲人以方便应机，生方便慧。形之于业力又称方便巧。

2.3　中国人以妙性知化，依如实慧，运方便巧，成平等慧。

4.1　希腊如实慧为契理文化，要在援理证真。

4.2　欧洲方便巧演为尚能文化，要在驰情入幻。

4.3　中国平等慧演为妙性文化，要在契幻归真。

二、立别义

1.　哲学生于智慧，智慧现行又基于智慧种子，故为哲学立义谛，必须穷源返本，以智慧种子为发端。希腊人之"名理探"，欧洲人之权能欲，中国人之觉悟心，皆为甚深甚奥之哲学源泉。

13.　中国人悟道之妙，体易之元，兼墨之爱，会通统贯，原可轰轰烈烈，启发伟大思想，保真持久，光耀民族。但一考诸史乘，则四千年来智慧昭明之时少，暗昧锢蔽之日多，遂致文化颓堕，生命杳泄。

丙、判效果

14.　希腊思想实慧纷披，欧洲学术善巧迭出，中国哲学妙性流露，然均不能无弊。

嗣后东美师的思想架构又有了进一步的扩展，主要是增加了印度的哲学与文化，而形成了一个四分格局：[25]

A 希腊：1. 爱波罗，2. 大安尼索斯，3. 奥林坪

B 欧洲：1. 文艺复兴，2. 巴缕刻（巴洛克），3. 罗考课（洛可可）

25　此见之于《中国哲学之精神及其发展》之附录。

C 印度：1. 奥义书，2. 佛，3. 薄伽梵歌

D 中国：1. 道，2. 儒，3. 墨

计划中之书名曰《比较人生哲学导论：生命理想与文化形态》。总纲开宗明义论智慧之失坠与重建之可能，接着讲哲学的人类学与人之典型，而后讲知识的来源与世界（境界）的分辨，最后归结于物我之融贯与普遍和谐之原理。东美师原打算有系统地检讨这些文化对于世界人生不同的看法与理想，先将其不同的精神面貌如实地展示出来，入乎其内，欣赏其智慧，却又出乎其外，指陈其得失。分析、综合叠用，最后乃做彻底而全面的文化批评，探讨文化的意义、精神和形式，始而论历史之歧途，生命的悲剧，终而归结于人生的不朽，精神的超升与自由。东美师的哲学系统体大思精，惜未能完卷，为我们留下了一阕未完成的交响乐。

我由大学本科到研究院受诲于东美师多年（1951年至1958年），是他最亲近的弟子之一。同学每感觉东美师宣讲如天马行空，不易追随，故我将他哲学的预设（presuppositions）归结成为六点：[26]

（一）洪蒙宇宙，生力运转，产生万类，只人生而含有智慧种子，能够创造文化。而情理交融，哲学家的抱负在

26　参拙作：《方东美先生哲学思想概述》，现收入拙著：《中西哲学论文集》（台北：台湾学生书局，1987）。

拓展智慧，人生之不幸在丧失智慧，堕于无明。

（二）个体与民族文化互相依存。个体所创发的智慧为自证慧，全民族文化精神所寄之智慧为共命慧。共命慧为根源，自证慧为枝叶。

（三）人可以发展成为不同类型，有不同的人生观与世界观，研究这样的类型的学问为哲学人类学。在一个意义之下，吾人活在同一个世界之中；在另一个意义之下，不同人活在不同的世界之中。

（四）存在与价值可以分别，而不可分割。人可以选择活在不同世界的意义系统之中。

（五）不同文化产生不同智慧之类型。在人类历史上有三大哲学传统：西方、印度、中国，又可划分成为希腊、欧洲、印度、中国四个类型。吾人应先客观了解这些文化的智慧与含义，而后品评其得失，各有所长，各有所短。最健康的生命情调厥为中国原始儒家所展示的"生生而和谐"的智慧。

（六）众端参观之后，吾人可以凌越古今中外，做出更大的综合，兼容真、善、美的理想，而有效解决政治、经济、社会实际的问题，俾使情理交融，在两方面都得到最大的满足。

而世界三大哲学传统，东美师充量做出来的只有中国传统。逝世前完成的《中国哲学之精神及其发展》英文论著，导论之后共分四部分：（一）原始儒家，（二）道家及其影响，（三）佛家哲学之充量发展，（四）新儒家之三种形态。最后终结以书尾之赞辞。依先生之见，原始儒家成就了一种境界上的"时间人"形态，道家则是"太空人"形态，佛家为"时空人"形态（兼空而叠遣），新儒家则是一种杂糅的同时为"时空人"的形态（兼综时空而不遣）。而贯穿四家表现为中国哲学的通性有三个方面：（一）旁通统贯论。儒、释、道三教均主"一以贯之"，不会落到分崩离析的境地。（二）道论。然而各家对于"道"的内容的理解有所不同。儒家是天、地、人三极之道，道家是超脱解救之道，佛家是菩提道。（三）人格超升论。人能够变化气质，超凡入圣，转识成智，这不能诉之于科学的平面心理学，也不能诉之于心理分析的深层心理学，而必须诉之于向往成圣成贤成仙成佛的高层心理学（height psychology）。

就分论而言，先生盛赞原始儒家之智慧，其根源可以上溯到上古，第一个重要的文献即《尚书》之《洪范》篇，最可以注意是"五行"与"皇极"的观念。五行本来只是五种材质，似无深意。但《管子》一书论水土，以其为万物之根源，则推想古代可能有一种万物有生论之思想，后来逐渐与阴阳家、《易传》的思想合流。"皇极"应训作大中，最初有宗教的意味，后来才取得哲学的含义，为真实之标准与价值之典范。中国思想自古即"天"（生源）与"人"（现世）不隔，特缺"原罪"观念。文化之发展承先启后，表现一既保守又进步之特殊性格。

另一重要典籍为《易经》。六十四卦可以通过系统方式演绎出来，但其符号之意义则待解释而定。我们释《诗经》所用"赋、比、兴"的观念也可用来解析《易经》。孔子的思想决不可局限在《论语》之内。由司马迁的证词，从孔子传商瞿起，经历十代，有一条传《易》的线索。《易传》化腐朽为神奇，有四方面的发展：首先，是发展了一套生生不已的自然观；其次，是肯定人性内在的道德价值；再次，则发展了一套普泛的价值论；最后，完成一套天人合一、以价值为中心的存在论。生生，广生，普遍和谐。孔子以后，孟、荀虽各有所偏，也进一步发展了人文主义的理想，获致了辉煌的成就。

道家走了一条不同的道路。"太空人"居高临下，泛观万有，把握一如梦境的理想境界。玄之又玄，众妙之门，道家突破了凡俗的世界，独自与天地精神相往来，表现了一种超脱、自由的境界。后世注释黄老治术，道教炼丹，不免堕落。但道家哲学影响深远，通过王弼，向、郭，影响到僧肇、道生。经历"格义"阶段，经过长期消化的过程之后，中国佛学才有成熟的发展。

佛家的"时空人"，有时忘记时的观念，有时忘记空的观念，互相轮替，循环不已。印度空宗开启了中国的三论、天台，有宗则开启了法相、唯识，还进一步发展了华严的圆教。此外禅宗顿教，不立文字，彼曾盛极一时，但末流泛滥，不可收拾，故良莠互见。

先生对宋明清新儒学不无微词，格局转隘，互相攻讦，观念杂糅，不免陷于矛盾。宋儒受二氏影响，虽还能继承原始儒家生生之旨，但道性善，却划分人心、道心，气质之性、天地之性，格局偏小，排他性强，易启争端。新儒家表现为三种形态：朱子倡唯实论，企图做成一大综合，结果不免破绽百出，不能自圆其说。明代阳明继承象山，倡唯心论，返归孟子本心，心理合一，知行合一。惜王门后学议论纷纭，引起许多争端。清儒如船山、习斋、东原乃转归自然主义，由天上转回人间，求人性之充分发展，使至善之理想得以完成实现于世间。

先生立足本土，放眼世界，对当代西方主流思想持强烈批判之态度。现代西方自然主义者竞相呼号，谨守价值之中立性。反观中国哲人则于宇宙观与人性论必系之以价值之枢纽。盖违此理想，即成智障，不能不痛加针砭，此处决不能顺着时流走，所谓"壁立千仞，争此一线"是也。

唐君毅之心通九境的哲学大系统[27]

唐君毅曾受诲于熊十力、方东美，哲学之根本睿识承自熊先生，广大之文化格局则承自方先生，而有更进一步

---

27 《唐君毅全集》三十卷，由台北台湾学生书局于1991年出齐。及门弟子李杜著：《唐君毅先生的哲学》（台北：台湾学生书局，1982），对乃师的思想与著述，有简明扼要的介绍。

的发展。唐先生也是一大综合心灵。他年轻时受到当代西方哲学如新实在论、柏格森等的吸引，为熊先生所弹正才回归儒家的本源，鞭辟入里，建立"道德主体"，于抗战时期著《道德自我之建立》（1944年）。适友人牟宗三著《逻辑典范》（1941年），建立"知性主体"，互相呼应。抗战之后紧接着内战，1949年后，熊先生滞留大陆；方先生、牟先生与徐复观迁台；唐先生与钱穆暨张丕介先生流亡到香港，创办新亚书院，成为当代新儒家最重要的中心之一。在极艰困的环境之下，唐先生完成了《中国文化之精神价值》一书（1953年），提出了他对中国文化传统的宏观论点。这些学者离开大陆，抱着孤臣孽子的心境。不想朝鲜战争爆发，海峡两岸成为长期对峙之局，流放的新儒者乃由文化的存亡继绝转上了学术研究的道路，在有生之年不断发表皇皇巨著，把中国哲学思想在学术上带到了前所未有的高度与深度。唐先生由1966年到1975年出版了《中国哲学原论》六大卷，包括《导论篇》一卷，《原性篇》一卷，《原道篇》三卷，《原教篇》一卷。《导论篇》讨论了"理""心""名""辩""言与默""致知格物""道""太极""命"等概念与问题。当然唐先生并不满足于只做中国哲学的诠释，其最后一部大著《生命存在与心灵境界》，建立了一个心通九境的大系统，最后归宗于儒家的天德流行境，可见其哲学并未改其初衷，而其余各种境界也都在其系统之内取得定位。

唐先生哲学系统涵盖的范围虽广，但其基础与切入点却在道德自我之建立。唐先生在《中国文化之精神价值》一书的自序中说：

> 盖文化之范围至大，论文化最重要者，在所持以论文化之中心观念。如中心观念不清或错误，则全盘皆错。余在当时〔1935 年〕，虽已泛滥于中西哲学之著作，然于中西思想之大本大源，未能清楚。当时余所谓天人合一之天，唯是指自然生命现象之全，或一切变化流行之现象之全。……对中国哲学思想，唯于心之虚灵不滞、周行万物一义，及自然宇宙之变化无方无往不复二义，有一深切之理解。……又受新实在论者批评西方传统哲学中本体观念之影响，遂对一切所谓形而上之本体，皆视为一种抽象之执着。故余于中国文化精神一文，开始即借用"神无方而易无体"一语，以论中国先哲之宇宙观为无体观。此文初出，师友皆相称美。独熊先生见之，函谓开始一点即错了。然余当时并不心服。……唯继后因个人生活之种种烦恼，而于人生道德问题，有所用心。对"人生之精神活动，恒自向上超越"一义，及"道德生活纯为自觉的依理而行"一义，有较真切之会悟，遂知人之有其内在而复超越之本体或道德自我。乃有《人生之体验》《道德自我之建立》二书之作。同时对熊先生之形而

上学，亦略相契会。时又读友人牟宗三先生《逻辑典范》，乃知纯知之理性活动为动而愈出之义，由此益证此心之内在的超越性、主宰性。……十年来与牟先生论学甚相得，互启发印证之处最多。对此心此理，更不复疑。而余十年来之哲学思想，亦更无变化。[28]

　　这一篇序确定了狭义当代新儒家哲学由熊先生到唐、牟的统绪。1958 年元旦由四位学者签署之《中国文化与世界宣言》即由唐先生起草。[29] 这一宣言呼吁西方的汉学不能只像传教士那样把中国文化看作必须加以改变的对象，或者像考古学家将之视为没有生命的古董，或者像现实政客采取彻底功利的态度将其玩弄于股掌之上。而应该对中国文化有温情与敬意，深刻了解其心性之学之基础。中国文化也的确有其限制，必须吸收西方文化的科学与民主。但西方文化也可以向中国文化吸收：

　　（一）"当下即是"的精神与"一切放下"之襟抱；

　　（二）圆而神的智慧；

　　（三）温润而恻怛或悲悯之情；

　　（四）使文化悠久的智慧；

　　（五）天下一家之情怀。

28　唐君毅：《中国文化之精神价值》（台北：正中书局，1953），页 1—3。

29　此宣言收入唐君毅：《中华人文与当今世界》（台北：台湾学生书局，1975），下册，页 865—929。

这篇出自流亡学者的宣言在当时虽然没人理会，后来却被视为当代新儒家的标志。西方如今流行多元文化主义的观点，回过头来看，这篇宣言可说是走在时代前面而有先发之明，是一篇非常有意义的文献。

唐先生晚年著卷帙浩繁的《中国哲学原论》，缕述分析中国哲学之内涵与源流。我不可能以大量篇幅介绍其内容，只举一例就可以了解他重新阐释中国哲学的方式。他基本上是以中心概念与问题为经纬，广征文献以证成他的想法。他指出清儒言训诂明而后义理明，今当补之以义理明而后训诂明。而义理有永恒性与普遍性，无古今中外之隔，故须旁通于世界之哲理与人类心思所能有、当有之哲理以为言，方能极义理之致。收在《导论篇》的第一篇文章《原理》，完成于1955年，即针对此一议题立言，颇有典范意味，以下即简介此一长文之中心论旨。[30] 在这篇文章之中，唐先生提出"理"之六义的说法，它们是：

（一）文理

（二）名理

（三）空理

（四）性理

（五）事理

30　英文《中国哲学百科全书·理》之条目即由我根据《原理》所提供的线索改写而成。Cf. Shu-hsien Liu, "Li", in Antonio S. Cua, ed., *Encyclopedia of Chinese Philosophy*.

（六）物理

唐先生结合思想发展与概念分析的方法以烘托出他的系统哲学的考虑。他承认"理学"在宋明大盛，在先秦，"理"并不是一个重要的中心概念，故清儒的说法不无道理。由考据的立场看，戴震指出，古代的"理"字指的是玉的纹理，完全没有像宋明儒受到二氏影响以后讲的那种超越、玄妙的意味。戴震的目的在解构，反对被官方政治化以后僵化的程朱理学，而谴责其以理杀人，主张达情遂欲。且不说戴震对孟子的解释并不真符合孟子的原义，把理说成玉的纹理也遗失了一个重要的面相。中文的"理"字也可以当动词用，而顺着玉的纹理治玉乃是一种文化活动。荀子就能充分把握这面相，故应说为文理。荀子虽倡性恶，也和孟子一样重视道德，只不过他多讲礼义，强调道德的社会功能，而要建立儒家的人文秩序，只不过以后被只遵从外在权威的法家所扭曲了而已！

而儒家由孔子以来即讲正名。对于名言的辨析在战国时代发展了名家思想。惠施合同异，公孙龙离坚白，比较像希腊的辩士，并没有发展出形式逻辑的系统。而先秦道家之老庄，均主张超越名相。到了魏晋，易、老、庄三玄对知识分子有巨大的吸引力，乃有"名理"与"玄理"合流之势。有关名理的辨析并非中国哲学的主流。

汉末佛教传入中土，经过魏晋格义的阶段，终于成为中国文化重要传统之一，所谓儒、释、道三教是也。佛家主缘起性空，不立本体，凡夫逐有，小乘耽空，中国流行的是不落两边的大乘佛教，并创造了中国式的佛学如华严、天台与禅。华严倡理事无碍以至事事无碍法界观，所彰显的是"空理"，对于中国哲学的发展造成了巨大的冲击。

宋明理学正是针对玄学与佛学的挑战而兴起的新儒学。宋儒虽吸收了二氏的一些概念，却已做出了根本的改造，而发展了"性理"之学。表面上看，宋明儒"天道性命相贯通"的思想与子贡所谓"夫子之言性与天道不可得而闻也"有很大的差异。其实宋明儒无论程朱陆王，都是孔子"践仁以知天"与孟子"尽心、知理、知天"一脉相传应有之发展。自此心性之学成为中国文化的根本所在，殆无疑义。

但明末王学虚玄以荡，情识而肆，造成了巨大的流弊，故明末诸儒如顾、黄、王莫不注重实事。王船山以史为鉴，强调"理寓于事"，而彰显了"事理"的观念。其实中国传统向来经（常道）史（变易）并重，两方面形成有机的整体，不可以有所偏废。

最后，到了现代，西方挟其船坚炮利，逼迫我们改变了传统的方式。我们亟须吸纳西方科技，努力学习西方的"物理"所谓声光电化，这是广义的西方输入的自然科学的代名词，以免亡国灭种的命运，并开拓中国文化的领域。唐先生就以这样的方式阐明了"理"之各种不同的含义，发展的机缘，以及分别应有的定位。

在《原论》之后，唐先生完成了最后一部大著《生命存在与心灵境界》，建立了一个心通九境的大系统。他的弟子李杜有一撮述如下：

> 此书以人的整个生命存在为先在，由此去了解人的种种不同的心灵活动。于不同的心灵活动中分别出不同的观法，此即横观、顺观与纵观。又相应于不同的观法以说不同的所观，此即为心灵所观的对象。此所观或对象可或为体或为相或为用的不同表现。此不同的体、相、用并可为心灵所对的客观存在事物，亦可为心灵自身的主观活动，亦可为超主客境界的心灵的向往。因此以不同的体、相、用三观相应于客、主与超主客三界即发展出心灵活动的九境：（1）万物散殊境；（2）依类成化境；（3）功能序运境；（4）感觉互摄境；（5）观照凌虚境；（6）道德实践境；（7）归向一神境；（8）我法二空境；（9）天德流行境。此九境由心灵依不同的观点而显，故皆为心灵所涵摄。九境中的前三境即客观境。万物散殊境为心灵相应于客观事物的体所形成的境；依类成化境为心灵相应于客观事物的相所形成的境；功能序运境为心灵相应于客观事物的用所形成的境。其次三境为主观境。感觉互摄境为心灵自己反省主观感觉活动所成的境；观照凌虚境为心灵自己反省主观的相的呈现所成的境；道德

实践境为心灵自己反省主观的用的活动所成的境。最后三境为超主客观境。归向一神境为心灵超主客的有关体的向往所成的境。我法二空境为心灵超主客的有关相的向往所成的境。天德流行境为心灵超主客有关用的向往所成的境。[31]

唐先生思想深受黑格尔（George Wilhelm Friedrich Hegel）影响，但没有黑格尔归向绝对精神过河拆桥以及为了迁就辩证法的架构而削足适履的毛病。牟先生悼唐时曾誉之为文化意识宇宙中之巨人，可谓知言。

牟宗三对于智的直觉之肯定[32]

牟先生可能是当代新儒家之中最富原创性的思想家。牟先生出身农家，考进北大读哲学系，幸遇熊先生，受到他的精神的感召，却与北大主流以胡适为代表的实用主义、实证史学的思想格格不入。他大学毕业即出书论《周易》的自然哲学，可惜得不到当时文学院长胡适的赏识。他年轻时主要的关注在逻辑与知识论方面。他演算了罗素（B. Russell）与怀特海合著的《数学原理》（*Principia*

31　李杜：《唐君毅先生的哲学》，页 59。
32　《牟宗三全集》三十二卷于 2003 年由台北联经出版公司出版。有关牟先生的生平与著述，参蔡仁厚：《牟宗三先生学思年谱》（台北：台湾学生书局，1996）。

Mathematica）的符号逻辑系统，也熟悉早期维特根斯坦（L. Wittgenstein）的《逻辑哲学论》（*Tractatus Logico-Philosophicus*）。但他不满意于当代形式主义、约定主义的解释，更反对辩证唯物论的思想，而回归康德，由所归能，建立"知性主体"，著《逻辑典范》（1941年），与唐君毅先生之建立"道德主体"互相呼应。后来又重新改写，完成了《认识心之批判》两大卷，填补了熊先生《新唯识论》只作成境论，未能完成量论的遗憾。[33]他发现西方所长是理性的架构与外延表现，具现于科学与民主的成就，中国所长在理性的运用与内容表现，其核心在圣学，内圣方面的体证有其殊胜之处，外王方面的开展则有虚歉不足之弊，故必须返本开新，通过自我的扩大，拓展开一条更宽广的道路。由此而发展出所谓"三统"之说：

（一）道统之肯定：肯定道德宗教之价值，以护住孔孟所开辟的人生宇宙之本源。

（二）学统之开出：由民族文化生命中转出"知性主体"以融通希腊传统，开出学术之独立性。

（三）政统之继续：认识政体发展的意义，以肯定民主政治之必然性。[34]

牟先生有深刻的危机感，乃发为《道德的理想主义》（1959年）、《政道与治道》（1961年）的反思，力抗"无

33　牟宗三：《认识心之批判》（香港：友联出版社，二册，1956—1957）。
34　牟宗三：《道德的理想主义》，页6、260—262。

体、无理、无力"之时潮。不意朝鲜战争爆发,演变成为海峡两岸长期相峙之局,乃转作学术不急之务,数十年来有了超特的成就。他在台曾任教于师范学院(师范大学前身,1951—1956年)与东海大学(1956—1961年)。1961年他转到香港大学执教。1969年他应唐先生之邀到香港中文大学共事,到1974年同时退休为止。以后在港(新亚研究所)、台(师大、台大)继续讲学到1995年谢世为止。第一部中国哲学专著《才性与玄理》(1963年)展示了魏晋玄学中两条不同的线索,对道家思想有深入的探讨,并首次做出了"实有形而上学"(希腊)与"境界形而上学"(中国)的分别。在港大时著《心体与性体》三大卷(1968—1969年),提出了宋明儒学三系与朱子为"继别为宗"的说法,在学界引起了巨大的震荡。后来又著《从陆象山到刘蕺山》(1979年),可以算是《心体与性体》的第四卷。这套书厘清了整个宋明理学的线索,首次把这门学问变成了一门概念清晰可以理解的学问。而他在中大时,即着手著《佛性与般若》两大卷(1977年)。牟先生并非佛徒,但对佛理的探讨透辟深入。他指出华严是别教的圆教,天台诡谲的圆教才是真正的圆教。这些都是向来没有的说法,令人感到震撼,甚至受到一些佛教界人士所肯定。

牟先生晚年通过中西哲学的比论阐明中国哲学所蕴含的睿识,著《智的直觉与中国哲学》(1971年)、《现象与物自身》(1975年)。他认为中土三教均肯定"智的直觉"

（intellectual intuition），不似康德囿于基督宗教传统，把智的直觉归之于上帝。他最后一部大著《圆善论》（1985年）也是通过康德哲学论"圆善"（Summum Bonum）的线索，抉发中国哲学的睿识。他还翻译了康德的三大批判（第一批判仅译部分）。

牟先生从没留过学，如今却有好几篇德国的博士论文写他的东西，堪称异数。第二代新儒家他最长寿，又善于宣讲哲理，出版《中国哲学十九讲》（1983年）、《中西哲学之会通十四讲》（1990年）等，都有广泛的影响。以下较详细地阐述他的学术。

牟先生思想最富条理与系统性，这由他改释唐先生提出来的"理"之六义就可以看得出来。经过他的调整，"理"之六义如下：

（一）名理
（二）物理
（三）事理
（四）玄理
（五）空理
（六）性理[35]

35　参牟宗三：《心体与性体》，第一册，页3—4。我又做了进一步的调整，"事理"本来在最后，我将之移到"物理"之后，则系统性更能够彰显出来。

牟先生认为，"文理"的观念既不清晰，也不能够独立构成一个领域，故不取唐先生的说法。他把"名理"（相当于形式逻辑，涵摄数学在内）与"物理"（相当于自然科学的领域）列在前面，很明显是受了逻辑实证论的影响。逻辑、数学是纯粹的形式架构，科学知识则必须通过经验检证（empirical verification）来证实，并随时可以做进一步的修正。但牟先生不同于时潮处在，他不接受当代"形式主义"（formalism）与"约定主义"（conventionalism）对于逻辑、数学的解释。古典逻辑把"同一律"（law of identity）、"矛盾律"（law of contradiction）与"排中律"（law of excluded middle）当作不证自明的"公理"（axioms）的看法的确受到了严重的挑战，在现代建构的符号逻辑系统中，传统的所谓"思想三律"并不是起点，而是导出的律则。这从技术的层面上看，是无可否认的事实。而且吾人的确可以建构不同的符号逻辑与几何系统，必须通过进一步的解释，才与事实层面的经验知识发生关联。然而牟在此做出质疑，吾人虽有自由建构不同的逻辑系统，却没有自由建构自相矛盾的逻辑系统，这说明矛盾律的"理念"和逻辑系统内部的矛盾律并不是同一回事。于此吾人必须做出"超越的反省"而有必要回归康德。康德对于逻辑与科学知识的理解虽已过时，但他以"知性主体"的心灵架构有"先验"（apriori）的性格，却是不可动摇的睿识。牟进一步论"理性"（reason）之二用，"因故"

（ground-consequence）格度与"因果"（cause-effect）关系属于同构（isomorphic）。牟以此高扬"理性的理想主义"的旗帜，而扭转了当代流行的经验主义、自然主义的倾向。

由比较的视域看，牟认为西方传统擅长分析，中国传统擅长综合，西方胜在理性的外延的架构的表现，而中国胜在理性的内容的运用的表现。二者可以互补。中国为了扩大自己的故域，必须吸纳西方逻辑架构式的思想，以及建立自然科学那样客观的学问。接着讲"事理"（摄情理），这相当于历史、文化的世界，是人文学（the Humanities）关注的领域。中国传统向来经（哲学）、史（史学）并重，王船山强调"理寓于事"。但牟先生指出，中国传统只有"治道"，并无"政道"，所谓"内圣外王"，政治仅只是道德伦理的延长。这种"直贯"的方式陈义虽高，落实下来却是专制皇权，并不理想。而西方自中世纪以来，由于"政教分离"，从来不取"政教合一"的方式。到了近代，公民意识觉醒，建立了三权（立法、司法、行政）分立、互相制衡的民主制度。这同样是西方理性外延架构的表现，在实际层面上，反而较能落实儒家仁政的理想。故牟先生提议以"曲通"的方式吸纳近代西方的民主制度。他的"良知坎陷"开出民主说，引起了许多误解与争议。其实他的本意并非中国文化传统自己会产生出民主制度，而是力主向西方取经，把政治的领域由道德的领域独立出来。当然仁政的基础还是在"道德主体"，但"新外王"所取的是近代西方曲通的方式，不再是传统中国直贯的方式。牟先生原来的安排将"事理"放在最后，可能还是传统"经世致用"的想法，故我将其提前到第三项加以讨论。最后才讲"玄理"（由"名理"分出）、"空理"与"性理"，分属道家、佛家与儒家的"终极关怀"。牟先生认定，中土三教均肯定"智的直觉"，把这一类形而上学的问题，移到最后讨论，不亦宜乎！

世人对当代新儒家的另一重大误解在，以为他们以论代实，其实他们极重文献。牟先生即顺着魏晋玄学、宋明理学、隋唐佛学的基本文献做出疏释，以彰显出其所涵蕴的义理，著《才性与玄理》《心体与性体》《佛性与般若》那样的大著来阐发三教的思想。

魏晋时代天下大乱，知识分子雅好《易》《老》《庄》三玄。牟先生注意到，魏晋思想有两条不同的线索。一条线索由刘劭的《人物志》开始，讨论才性同、才性异一类的问题，对人的"气质之性"有深入的探讨；另一条线索则探究玄理，王弼注《老》，向、郭注《庄》，都有进一步的开拓。魏晋清谈，擅长名理辨析，某方面最接近于西方哲学的进路，但名士并未发展出逻辑推理的律则，只是运用类似希腊辩士的辩术而已。在《才性与玄理》一书中，牟先生首次做出"实有形态"之本体论与"境界形态"之本体论的分别，前者重客观实有，由分解去把握外延真理，后者重主观证会，由神会去做成内容真理，为"主观性之花烂映发"。[36] 但境界并不同于幻想，是共同主观（inter-subjective）可以如实相应的意义脉络的世界。

牟在《心体与性体》提出宋明理学三系说。北宋周濂溪、张横渠、程明道并未分系。濂溪著《太极图说》与《通书》，首先结合《中庸》与《易传》的睿识，由汉儒的阴阳气化论转出一条创生的形而上学的线索。横渠则著《西铭》与《正蒙》。做出了"气质之性"与"义理之性"、"见闻之知"与"德性之知"的分别。他提出"天道性命相贯通"的说法，成为宋明儒的共法。但他兴趣广泛，思想的建构不免有一些滞辞。明道乃通贯《论》《孟》《学》《庸》与《易传》而倡"一本"之论，展现了宋儒性理之学最为圆顿的表示与最高的智慧。小程子（伊川）表面上附和乃兄，却偏离了明道"直贯"的线索，而另外开启了一条"横摄"的思路，为朱熹所继承，而发展了一套理气二元不离不杂的形而上学。这便是狭义的程朱理学，牟以朱

36　牟宗三：《才性与玄理》，页262—265。牟先生对实有形态的形而上学与境界形态的见解前后并不一致。《才性与玄理》对比西方之方以智与中国之圆而神。希腊哲学通过理论探究寻求把握客观存在的原理，中国哲学则通过修养工夫，追求体现圣哲存实体验的境界。《老子》被认为既有实有形态形而上学（宇宙论）的面相，也有境界形态形而上学的面相。但到晚年，他作《中国哲学十九讲》（1983），却说《老子》纯粹是境界形态，我难以苟同。如果说，《庄子》的《齐物论》是纯粹境界形态没有问题，但《老子》明明有宇宙论的思想，不能解释为纯粹境界形态。牟在晚年又说儒家也有实有形态的面相，或者是因为境界给人主观的联想，故略作调整加以校正。总之，在形而上学的层面，语言表达有高度的辩证性，这是无可奈何的情况！但两种形态的确有别。康德《纯粹理性批判》所驳斥的是实有形态的形而上学，并不适用于境界形态的形而上学。《才性与玄理》的睿识是不容忽视的。

子"继别为宗"，他讲格物穷理，与道之本统有一间之隔，故格局虽宏阔，而未能做成真正的综合。象山乃直承孟子，突出本心本性。这条线索为明代的阳明所继承，即世所谓陆王心学。而牟更进一步指出，宋室南渡时胡五峰倡"以心著性"，回归北宋三家的线索，明末刘蕺山虽与之绝无渊源，也有相似的思路，乃在程朱、陆王之外，另有第三条线索。这样的说法引起了广泛的讨论与争议。无论如何，通过牟的创造的诠释，令宋明理学在概念的清晰与体证的深入方面，均提升到以往从未达到的高度，影响深远。

　　而牟虽非佛徒，著《佛性与般若》两大卷，透辟深入，甚至为佛徒所引用，堪称异数。牟以佛教义理，无分印度、中土，彻法源底，不过"缘起性空"之旨，有各种不同的阐发而已！印度有宗开启法相、唯识，擅长作现象分析；印度空宗则开启三论宗，通过逻辑辨析破因果、实体，由遮诠展示空性。《大乘起信论》"一心开二门"（心真如门、心生灭门），属于真常心系统的华严宗阐发圆教。而牟最特别处在指出华严"缘理断九"为"别教的圆教"；只有天台"诡谲的圆教"以"法性即无明"才是真正圆教。这些都发人深省，在佛理的阐释上打开了全新的视域而引起了巨大的震荡。此外，他以为禅的顿教不立文字、直指心性也为佛教应有之一发展。禅宗在中土盛极一时，不免流弊丛生，良莠互见，但他对禅宗并未多着墨，非其重点所在。

　　牟到晚年著《智的直觉与中国哲学》《现象与物自身》

《圆善论》，又由比较的视域立论。他读海德格尔对康德的阐释而引发了他的思路。[37] 依他的看法，康德把人的知识限制在现象世界以内，认为只有上帝才有"智的直觉"。而人被锁在因果决定的锁链中，则"意志自由"只能当作不得不有的"基设"看待。故牟认为，康德只能建立"道德底形而上学"（metaphysics of morals），不能建立"道德的形而上学"（moral metaphysics）。而这是囿于康德的基督宗教的背景所造成的结果。回到中国儒家传统，牟引用横渠的《大心篇》说明，人虽是有限的存在，但不为"见闻"所限，而可以通于无限。由德性所知，即可以上通天德，小宇宙（microcosm）与大宇宙（macrocosm）有互相感应的关系。当然这里所说的不是人禽之别的德，否则就有泛道德主义之嫌疑，而是指天地生生之德，只有人的觉识可以上通于天，才有孟子所谓万物皆备于我的感受。牟的最后一部大著《圆善论》讨论"德福一致"的问题，也是通过康德哲学的线索，抉发中国哲学的睿识。康德基督宗教的背景，使他不只要作"意志自由"的基设，还要作"灵魂不朽"与"上帝存在"的基设。因个人在此生所种的因

37　Martin Heidegger, *Kant and the Problem of Metaphysics*, trans. James S. Churchill (Bloomington, IN: Indiana University Press, 1962). 海德格尔早年的《存在与时间》（*Being and Time*）发展了一套现象存在论（phenomenological ontology），牟以之为一种"内在形而上学"（immanent metaphysics），而未能接上"超绝形而上学"（transcendent metaphysics）的睿识。晚年的海德格尔似乎有进一步的发展，但近于道家的睿识，而非牟所归宗的儒家的睿识。

不可能在现生之中完全得到报应，故必须肯定来世；而善有善报，恶有恶报，不能不预设有一位全知、全能的上帝的存在作为保证。但由儒家传统来看，"灵魂不朽"与"上帝存在"是没有必要的基设。《左传》所谓"立德""立功""立言"三不朽，并不需预设个体灵魂之不朽，而《史记》所谓"天道无亲，常与善人"也不需在效果上保证善有善报，恶有恶报。儒者行所当为，甚至可以杀身成仁，舍生取义，也一样可以心安理得，不会怨天尤人。这就是儒家传统的"自律"与基督宗教传统的"他律"之间的差别。而孟子道性善，讲良知良能，到阳明的四句教，也必进一步发展到王龙溪的四无教，这是儒家思想中的圆教形态。盖儒者无论现实的遭遇如何，终必可以达致"德福一致"的境界，而解决了康德所提出的"圆善"的问题。[38]

牟并相信，不只儒家的"性理"肯定智的直觉，道家的"玄理"与佛家的"空理"也在不同的方式之下肯定智的直觉。而他相信，"现象"与"物自身"不可偏废。像《大乘起信论》那样"一心开二门"，即可以找到会通中西的津梁。盖西方文化成就"执的存有论"（ontology with

---

38 我并不认为牟先生解决了康德圆善论提出的"德福一致"的问题，因为康德是实有形态的思路，善有善报，恶有恶报，故必须仰赖全知全能的上帝给予外在的保证。而儒者却是境界形态的思路，如文天祥从容就义，所谓"鼎镬甘如饴"，只有志士仁人才能达致这样的境界。但就外在来看，文天祥显然是"善有恶报"，在康德心目中，这绝不是"善有善报"的例证。故牟先生和康德乃是两条不同的思路，儒者当然会以自己的思路为优胜，但基督教徒可能有完全不同的想法和评价。

adherence），中国文化则成就"无执的存有论"（ontology without adherence），二者分别有其定位。无限心的"坎陷"才能成就知识，而道的体认、心灵的解放与超脱并不需要逃离世间。天台"法性即无明"的睿识可以给予吾人重大的启发。牟认为西方有三大哲学传统：柏拉图、莱布尼兹与罗素、康德，而只有通过康德才可以找到会通中西的道路。牟的系统体大思精，旗帜鲜明，既可以提升人的意识，也引起了巨大的争议。

第三代新儒家的国际面相

第二代新儒家适当存亡继倾之际，展示了强烈的护教心态，而强调中国文化的常道性格。但第三代新儒家却有幸在宁静的校园中成长，一部分留学外国，受到严格的西方学术训练，并在异域谋求一枝之栖，预设西方开放多元的学术文化，而展示了一个与上一代十分不同的国际面相。代表人物有余英时、刘述先、成中英、杜维明等。

余英时曾在新亚研究所受学于钱穆，曾撰文力主乃师不是当代新儒家，当然也就隐含他自己不是新儒家的意思。很明显，钱穆和余英时都不属于狭义当代新儒家的统绪，但却不能把他们排除在广义现代新儒学的范围以外。作为史家，他们不特别强调心性之学的重要性，而把重点放在历史文化方面。余英时曾著书畅论"从价值系统看中国文化的现代意义"[39]，指出中国文化传统是一种"内在超越"
的形态，重"天人合一"，与西方文化传统有明显的区别。
这样的说法与当代新儒家并没有很大的差异。而他还进一
步指出，中国传统在清末接触西学，并不排斥科学、民主，
可见双方有会通的契机。他的这些见解都是当代新儒家可
以同意的看法。唯一不同之处在他指出，现代儒家的发展
有由"尊德性"转往"道问学"的倾向，精英学者无须负
担过重，而"良知的傲慢"也可以成为一个问题，值得吾
人关注，在"顿悟"和"渐修"之间应该觅取一种平衡。
今日的儒家高悬理念而未能落实，有似"游魂"，尚有待进
一步的努力。[40]

　　刘述先基本上赞同余英时的见解，但在哲学上还是以
"内圣"与"外王"有主、从的关系，并认为钱与唐牟之
别似程朱与陆王之别，无须过分强调两方面的区隔。刘读
台大哲学系，受学于方东美，很早就有文化哲学的兴趣。
二十世纪五十年代末到东海大学执教，在宋明理学方面受
到牟宗三深刻的影响，对于思想史的研究取发展观则受到
徐复观的启发。大陆一般认为，在牟门弟子中，对老师所
教，蔡仁厚是"照着讲"，以牟为父执的刘述先则是"接着
讲"，这样的观察并非毫无道理。刘给予"理一分殊"以创

39　余英时：《从价值系统看中国文化的现代意义》(台北：时报文化出版公司，
1984)。

40　参余英时：《现代儒学的困境》，收入杜维明主编：《儒学发展的宏观透视》(台
北：正中书局，1997)，页28—34。

造性的阐释，认为已经表达出来的道理，无论孔孟、程朱、陆王、唐牟已经是"分殊"的领域而有其局限性，但它们都指向"理一"，这样的规约原则有超越普世的意义。西方人也同样可以有这样的指向，像孔汉思即明白宣称，以Humanum（humanity，人道）为贯通各精神传统的共法，就是一个具体的例证。孔汉思是天主教神父，其传统虽异，所推动的"人道"却与孔子以来儒家阐扬的"仁道"若合符节。反过来，儒家思想中固然有万古常新的成分，也有与时推移的部分，故不可固执成见，必须强调儒家思想的开放性；刘又畅论传统的资源与负担一根而发，故也强调儒家思想的批判性。牟以认识心为"良知之坎陷"，刘认为这样的说法容易引起误解，往往被贴上泛道德主义的标签，故提议把"坎陷"的观念普遍化，与卡西勒的"符号形式"（symbolic forms）的哲学结合。盖卡西勒以为所有的文化形式，如神话、宗教、语言、艺术、历史、科学等都是"客观化"（objectivization）的结果。道德也可以视为一种文化形式，同样是"客观化"或者"坎陷"的结果。刘在近年热衷推动孔汉思倡导的全球伦理与宗教对话[41]，致力于由"理一分殊"的再阐释在绝对主义与相对主义、一元论与多元论之外找到第三条路。

成中英与刘述先同门，受教于方东美。但他倾向于戴

---

41 参刘述先：《全球伦理与宗教对话》（台北：立绪文化，2001）。

震的自然主义，对朱熹的诠释也与牟宗三有很大的距离。他在哈佛留学时受教于奎因（W. V. Quine），结合分析哲学与实用主义，也有怀特海机体主义思想的倾向，又适与方先生强调生生之德相合。他后来又对伽达默尔（Hans-Georg Gadamer）的诠释学发生兴趣，吸收了其睿识，但不满其忽视本体，乃将之与中国哲学传统结合，发展了他自己的"本体诠释学"（onto-hermeneutics）的思路。他的思想尚在发展之中，他基本上无意像牟宗三那样用西方的哲学观念如康德来卫护孔孟，而是由中国哲学传统去找资源，来对付现代西方人同样必须面对的问题，而更强调其哲学的普世意义。

最后，杜维明在东海受教于牟宗三与徐复观，年轻时即以第三代新儒家自任。他的博士论文由心理学认同的角度去阐发王阳明立志追求成圣成贤的探索过程。他的终极关怀与"道""学""政"的三分架构均承自牟宗三。但他勇于吸收新观念，认为由现代到后现代，不但不会使儒家的睿识过时，反而有新的发展的可能性。而他在重视个人的"体知"之外，也着重文化在实际上的表现。二十世纪七十年代以来亚洲四小龙创造了经济奇迹，连同日本，都有儒家的背景，引起了全世界的注目与兴趣。而西方知识分子在朝鲜战争、越战之后猛批启蒙理性的霸权，必须另谋出路。现代化不只西方一途，而科技商业文明的过分膨胀已然弊害百出。杜维明借了傅伟勋首创的名词，极力推扩"文化中国"的理想，不只可以包容海峡两岸、东南亚以及海外的华人，还可以包括同情中国文化理想的洋人。这才突破了儒、耶对话的故域，开启了波士顿儒家的机运，白诗朗即倡导"多重宗教认同"的可能性。当然杜维明与上一代新儒学的处境是完全不同的，他预设了现代西方的多元架构，没有必要证明儒家传统比别的精神传统更为优越，只需要说明白自己的立场，在世界上占有一席地即可。这不是相对主义的立场。除了认真看待自己传统的终极关怀之外，杜努力维持开放的态度，立足本位，与其他精神传统展开对话，互相沟通，收到交流互济的效果，以寄望于未来。

结语

第三代的新儒家还在发展之中，未能作成定论。当然第三代也不只是彰显一国际的面相。[42] 港、台新儒家与开放以后的大陆学术交流，激起了新的火花。一个具体的例证是，2005 年在武汉举行第七届国际当代新儒学会议，由武汉大学哲学院与台北《鹅湖》杂志集团联合主办，提交近一百篇论文，有二百位以上学者参与，包括第三代的蔡仁厚、刘述先、成中英、杜维明，香港"法住"集团的霍

---

42 Umberto Bresciani 的书首先注意到这一面相，我的英文书也有专章讨论这方面的问题。

韬晦等，可谓盛况空前。而现代新儒学当然也不会到第三代嘎然而止，目前已有一些关于第四代的讨论。但这些已超过我的讨论范围。[43] 总结来说，新儒学由民族文化的危机开始，提升到学术与哲学反省与建构的高度，最后仍必落实到政治、经济、文化、社会、教育的实际层面。这样一个总的大趋势，是可以断言的。

---

43 举例说，《鹅湖》杂志的主编、第四代的林安梧曾提出在后牟宗三时代，当代新儒家逐渐呈现一种分化的趋势，他自己由牟宗三回返熊十力、王船山，是文化的儒家；而李明辉在"中央研究院"文哲所主持现代儒学的主题研究计划，是学术的儒家。大陆如今也受到港、台新儒家的影响，不再讲唯心、唯物两条路线的斗争，同情新儒家的学术文化观点的学者日众。但迄今为止，公开宣称新儒家为终极关怀的学者还是极少数。值得令人注意的现象是，大陆政府参照新加坡的经验，有政治化儒家的倾向。另有一些态度比较激进的青年学者则展示了比当代新儒家更强势的强调本土化的倾向，引起了许多物议，参陈明主编的《原道》。

附录 论"回环"的必要与重要性

1983 年我在香港中文大学发表哲学系讲座教授就职演讲《系统哲学的探索》[1]，提出了开放系统的可能性，指出哲学家所向往的乃是一种通过分化以后的全观，中国传统的资源是"理一而分殊"。1990 年我发表《"理一分殊"的现代解释》，[2] 说明了这个观念提出来的背景，给予崭新的解释，以回应当代哲学所提出的一些问题的挑战。在文章的结尾，我指出"超越"（理一）是一行，"内在"（分殊）是一行，两行而得天下之理。紧接着在 1991 年和 1992 年，我发表《"两行之理"与安身立命》，[3] 进一步探索了道家、

1　刘述先：《系统哲学的探索》，现收入拙著：《中西哲学论文集》（台北：台湾学生书局，1987），页 315—342。

2　刘述先：《"理一分殊"的现代解释》，现收入拙著：《理想与现实的纠结》（台北：台湾学生书局，1993），页 157—188。这篇文章和《系统哲学的探索》被收入《百年中国哲学经典·八十年代以来（1978—1997）》（深圳：海天出版社，1998），页 541—591，不免溢美，实不敢当，但说明了这两篇文章被视为我的代表作，或者不无道理罢！

3　刘述先：《"两行之理"与安身立命》，现收入拙著：《理想与现实的纠结》，页 189—239。这篇文章较深入地探索了儒释道三教所隐含的两行之理的 （转下页）

佛家与儒家思想所隐含的对于两行之理的体认及其现代意义。1993年开始，我关注全球伦理与宗教对话的问题，对于孔汉思（Hans Küng）在世界宗教会提出的《世界伦理宣言》做出了积极的回应：在1999年发表《从当代新儒家观点看世界伦理》，并在2000年发表《"理一分殊"的规约原则与道德伦理重建之方向》。[4] 在二文中我认为由方法论的观点看，"理一分殊"的"存异求同"比归纳的"取同略异"更适合阐发全球伦理的论旨。2000年南乐山（Robert Neville）出版了《波士顿儒家》一书[5]。2002年我即撰文加以回应，在文中我指出，新儒家走的是一"回环"的道路，必先由"内在"走向"超越"，而后由"超越"回归"内在"。[6] 近年深深感觉到意犹未尽，于是乃有本文之作。

当代新儒家第二代唐君毅与牟宗三高举理想主义的旗帜。两位虽从未出国留学，却熟谙西方哲学。在一段时间之内，牟先生受到唐先生的影响，激赏黑格尔的绝对唯心论（absolute idealism），与自然主义（naturalism）可谓格格不入。而我在二十世纪六十年代中叶留学南伊大的时候，

（接上页）体认以及现代含义，可惜并未得到如理一分殊文那样的注意。

4　此二文均收入拙著：《全球伦理与宗教对话》（台北：立绪文化，2001），页55—85、203—229。此书以第一时间把最新最尖端有关世界伦理与宗教对话的讨论介绍到华文世界，并做出自己的反省。

5　Robert Cummings Neville, *Boston Confucianism: Portable Tradition in the Late-Modern World*（Albany: State University of New York Press, 2000）.

6　刘述先：《作为世界的儒学：对于波士顿儒家的回应》，现收入拙著：《现代新儒学之省察论集》（台北："中央研究院"中国文哲研究所，2004），页17—38。

美国的主流是分析哲学与实用主义（pragmatism）。前者是外来的，后者是本土的思潮。二者有合流的倾向，代表人物如奎因（W. V. Quine）。南伊大是杜威遗孀指定保存杜威（John Dewey）遗稿的学府，很自然地成为杜威研究的中心。南伊大哲学系的特色在美国哲学，也致力发展东西比较哲学。我选了好几门杜威哲学的课程，虽承认杜威为一大家，不像胡适介绍得那样浅薄，但还是感到他的实用自然主义（pragmatic naturalism）思想有很不足的地方，[7] 彼此之间还是有所扞格，未能达到水乳交融的地步。但美国哲学自杜威、怀特海（A. N. Whitehead）以来，特别在宗教哲学方面，有了前所未有的发展，[8] 也就为两个不同精神传统会通的可能性提供了契机。

先由杜威谈起，一般认为他的宗教情怀十分薄弱，但并未将宗教价值完全剔除在他的哲学以外。他有一本小书《一个共同的信仰》（*A Common Faith*），承认现实人生有种种缺陷与限制，尽可以有无穷的理想与向往，这就是宗教经验的根源。杜威的兴趣只在"宗教性"（the

---

7　参艾慕士（S. Morris Eames）著，朱建民译：《实用自然主义导论》（台北：时英出版社，2000）。艾慕士夫妇长期在南伊大哲学系执教，对华裔学子照顾不遗余力。我曾选过他教的一门课，后来同事十多年，有良好的合作关系与友谊。此书是有关实用自然主义最佳的导论，由形而上学、知识论、价值论和教育四方面，讨论了皮尔士（C. S. Peirce）、詹姆士（William James）、杜威（John Dewey）与米德（George H. Mead）四大家的思想。

8　参拙作：《有美国特色的当代美国宗教哲学》，现收入拙著：《理想与现实的纠结》，页 289—331。下面所言多取资于该文。

religious）。对他而言，"上帝"的观念代表一种理想价值的统一，其根源是想象的，我们所面对的，既非彻底落实的理想，也非无根的空想。但杜威回避了上帝存在的问题，也不讲终极托付的超越根源，当然不能令人满意。业师魏曼（Henry N. Wieman）乃进一步发展了"经验神学"（empirical theology）的观念。表面上看，"上帝"不是"经验"可以把握的对象，似乎陷入了自语相违的困境。但魏曼所谓经验并不是英国经验论者所说的感觉经验，而是经过杜威改造的整体有机的经验。魏曼也不认为"上帝"是超自然、与世无涉的永恒存在，他与世间息息相关，其功能可为经验所把握。依魏曼，"创造性的交流"（creative interchange）活跃于天壤间，能发挥我们自己无法做到的拯救力量，故为我们"终极托付"（ultimate commitment）的对象，无以名之，就称之为"上帝"（God）。他也不是万能，人神的伙伴关系发生作用就是善的泉源，不能发生作用，就不免产生破坏性甚至毁灭的效果。魏曼的背景是基督宗教，所论却与大易生生之旨若合符节，故与我论学极相得。我是他在南伊大指导的最后一个博士生，我卒业时他也在南伊大获得荣誉学位。

令人感到意外的是，对当代美国神学发展影响最大的是在英国退休之后才来美国教哲学的怀特海。他批判古典物理学的世界观犯了"错置具体性的谬误"（fallacy of misplaced concreteness），像牛顿的原子、洛克的单纯观念（simple ideas）之类都是抽象的结果，不是具体存在的真实。依怀特海，经验是有机的整体，旨意与杜威相通。怀特海的哲学最富原创性的是提出了"生成变化"（becoming）的上帝观念，而畅论上帝的"原初性"（primordial nature）与"后得性"（consequent nature）。赫桑（Charles Hartshorne）继承了怀特海的思绪而发展了"过程神学"。赫桑与魏曼在芝加哥大学是同事，互相支持。这一思潮在美国有持续性的影响。譬如现在波士顿大学神学院的副院长白诗朗（John Berthrong）即承继这一思绪，他又是朱熹专家，与同事好友南乐山一同提倡"波士顿儒家"，肯定了基督教与儒家的双层认同。[9]南乐山更强调非决定论（indeterminism），而建构了他自己"无中生有"（creation ex nihilo）的神学。我对南乐山的创思由方法论、形而上学、践履论三方面做出了有建设性的批评与回应。[10]正是在这篇文章之中我首先提出了新儒家取"回环"的道路（a roundabout approach）的意旨，但意犹未尽，于是才有本文之作。

9　John Berthrong, "Boston Confucianism: The Third Wave of Global Confucianism", in *Confucianism in Dialogue Today: West, Christianity & Judaism* (Philadelphia: Ecumenical Press, 2004), pp. 26-47. 白诗朗和南乐山认为波士顿儒家有两个支脉，查尔斯河北边哈佛的杜维明是孟学的一支，南边波士顿大学是荀学的一支。

10　Shu-hsien Liu, "Confucianism as World Philosophy: A Response to Neville's Boston Confucianism from a Neo-Confucian Perspective", in *Confucianism in Dialogue Today*, pp. 59-73. 此文之中文版，参拙作：《作为世界哲学的儒学：对于波士顿儒学的回应》，现收入拙著：《现代新儒学之省察论集》，页 17—38。

很明显，从一个比较宽泛的观点看，不难在杜威、怀特海与中国哲学之间找到相契之处。杜威的思想是彻底现世性的，崇尚实践，重视教育，难怪他有现代孔子之称。但他对超越的祈向不足，由理想主义的观点看，难免有透不上去的感觉。怀特海的思想反对机械唯物论，倡有机自然主义（organic naturalism）。李约瑟（Joscph Needham）即明言，朱熹思想也属于有机自然主义的形态，[11] 两方面有所契合，自不待言。这在中国哲学家方面也有感应，业师方东美即雅好怀特海。新儒家第二代唐君毅、牟宗三在年轻时也受到怀特海的吸引，但为何到他们思想成熟时却决定与怀特海分道扬镳，必定有他们的理由，值得做进一步的探索。幸好在牟宗三《认识心之批判》的序言中留下了重要的线索，让我们回顾他的反思：

> 人之心思发展，了解过程，常是易于向"所"，而难于归"能"。向所，则从客体方面说；归能，则从主体方面说。向所则顺，归能则逆。古贤有云：顺之则生天生地，逆之则成圣成贤。吾可藉此顺逆两向以明科学与哲学之不同。向所而趋，是谓顺。"顺之"之积极成果唯科学。若哲学而再顺，则必锦上添花，徒为废辞，故哲学必逆。由逆之之方向以确定其方法与领

11　Joseph Needham, *Within the Four Seas: The Dialogue of East and West* (London: George Allen & Unwin Ltd., 1969)，pp. 66–67.

域，其方法必皆为反显法与先验法，其领域必为先验原则、原理，或实体之领域，而非事实之世界或命题之世界。维特根斯坦曾说：哲学只是一种厘清活动，科学则是一组命题。……然所谓厘清活动，有消极与积极之别。向所而趋，顺既成事实而厘清之，则为消极意义。逆而反之，其厘清为积极的，盖能显示一先验原则之系统也，故能独辟一领域。（下略）

向所而趋，亦可由所而逆，此则古希腊之传统，以及康德前之理性主义，皆然。然由所而逆，则正康德所谓独断的，非批判的。顺所而逆，而不知反，则必有罗素所谓推不如构，以构代推。而至以构代推，则由所而逆之形而上学即不能立，……则今人之以科学为唯一标准者，亦不足怪矣。故吾常云：今人言学只有事法界，而无理法界：无体、无理、无力。此是休谟之精神，而亦为消极厘清之所必至者。

吾初极喜怀特海。彼由现代物理数学逻辑之发展，上承柏拉图之精神，建立其宇宙论之伟构。此确为当代英美哲人中之不可多得者。然自吾逻辑书写成后，吾即觉其不行。盖彼亦正是由所而逆也，而其所使用之方法又为描述法。此虽丰富可观，实非入道之门。盖其"平面"的泛客观主义之宇宙论实未达"立体"之境，故未能尽"逆之以显先验原则"之奥蕴也。彼于此平面的泛客观主义之宇宙论上渲染一层价值观念之颜色，而不知价值何从出、价值之源何所在，此则尚不如罗素等人之"事实一层论""道德中立论"之为干净也。价值之源在主体。如不能逆而反之，则只见价值之放射，而不知其源头之何所在。此则"超越的分解"阙如故也。（下略）

主体有二：一曰知性主体，一曰道德主体。兹所言之"认识心"即知性主体也。……由主而逆，则彰超越之分解。顺所而趋，则只逻辑分析，所谓消极意义之厘清也。[12]

在这一段话中，最重要的分别即顺、逆。顺则可以成就知识，逆则唯有仰仗智慧。知识在经验的领域，知识的根源则必上溯到先验原则、原理或实体之领域。由主而逆，则必凸显"主体"之观念。这些概念分析都是西方式的，但其睿识却蕴含在中国传统之内。为何一定要讲"主体"？这是因为只有这样才能鞭辟入里，当下即是，无须向外攀缘，阳明所谓"抛却自家无尽藏，沿门托钵效贫儿"是也。牟先生写《认识心之批判》其实是在抗战时期，紧接着打内战，遭逢时代剧变，无人承印，以至延误到1956、1957年才由友联出版。根据他自己的回忆：

12　牟宗三：《认识心之批判》（香港：友联出版社，1956—1957），上册，页2—5。此书现收入由联经出版公司所出之《牟宗三先生全集》，第十八、十九册。

当吾由对于逻辑之解析而至知性主体，深契于康德之精神路向时，吾正朝夕过从于熊师十力先生处。时先生正从事于《新唯识论》之重写。辨章华梵，弘扬儒道。声光四溢，学究天人。吾游息于先生之门十余年，熏习沾溉，得知华族文化生命之圆融通透，与夫圣学之大中至正，其蕴藏之富，造理之实，盖有非任何歧出者之所能企及也。吾由此而渐浸润于"道德主体"之全体大用矣。时友人唐君毅先生正抒发其《道德自我之建立》以及《人生之体验》。精诚恻怛，仁智双彰。一是皆实体之流露，卓然绝虚浮之玄谈。盖并世无两者也。吾由此对于道德主体之认识乃渐确定，不可摇动。如是，上窥孔孟，下通宋明儒，确知圣教之不同于佛老者，乃在直承主体而开出，而华族文化生命之主流确有其独特之意义与夫照体独立之实理，不可谤也。[13]

熊先生学问由唯识宗转归大易，唐、牟都不走这样的路数，何以他在当代新儒家有这么重要的地位呢？这由《新唯识论》白话文本（1944年）即可找得线索。此书开宗明义即做出"性智"与"量智"的分别。他说：

13　牟宗三：《认识心之批判》（香港：友联出版社，1956—1957），上册，页5。

是实证相应者，名为性智。性智，亦称省智。这个智是与量智不同的。云何分别性智和量智？性智者，即是真的自己底觉悟。此中真的自己一词，即谓本体。……他元是自明自觉，虚灵无碍，圆满无缺，虽寂寞无形，而秩然众理已毕具，能为一切知识底根源的。量智，是思量和推度，或明辨事物之理则，及于所行所历，简择得失等等的作用故，故说名量智，亦名理智。此智，元是性智的发用，而卒别于性智者，因为性智作用，依官能而发现，即官能得假之以自用。……量智即习心，亦说为识。……量智是缘一切日常经验而发展，其行相恒是外驰。……性智全显，量智乃纯为性智之发用，而不失其本然，始名真解。此岂易言哉？……量智唯不易得真解故，恒妄计有外在世界，攀援构画。以此，常与真的自己分离，……今在此论，唯欲略显体故。[14]

熊先生不谙西学与符号逻辑，故只能完成境论，一生想写量论而未果。牟先生著《认识心之批判》是替老师完成了心愿，但根本睿识并未超越熊先生。很明显，量智为顺，性智为逆。见体所谓实证相应者即牟先生所谓主体。《新唯识论》附录有《答谢幼伟》论中西哲学之差异与会通云：

14　熊十力：《新唯识论》（白话文本），现收入《熊十力全集》第三卷（武汉：湖北教育出版社，2001），页15—17。

中学以发明心地为一大事，借用宗门语，心地谓性智。西学大概是量智的发展，如使两方互相了解，而以涵养性智，立天下之大本，则量智皆成性智的妙用。研究科学，经纶事业，岂非本体之流行而不容已者耶？孰谓量智可废耶？（下略）

昨腊，吾应南庠讲演之请，方、何诸先生亦断断致辨，谓吾薄西学不见体为未是。及讲后燕谈，方先生畅论西哲工夫，不外努力向外追求，吾笑谓之曰：本体是向外追求可得耶？君毋乃为我张目乎？今纵退一步言之，如贤者所说：西哲自昔即有言体认者，然此必非西洋哲学界中主要潮流。犹如晚周名家，似亦偏尚量智，然在中土哲学界终不生影响，可以存而不论。凡辨章同异，只约大端别异处较论而已。（下略）

吾不能读西书，向者张东荪尝谓《新论》意思与怀黑德氏有不谋而合处，未知果然否？贤者所述柏氏（F. H. Bradley）语，似与《新论》有融通之点，然骨子里恐不必相近也。西洋学者所谓本，毕竟由思维所构画，而视为外在的。《新论》则直指本心，通物我内外，浑然为一，正以孟氏所谓"反身而诚"者得之，非是思维之境。柏氏是否同兹真髓，吾不能无疑也。[15]

15　熊十力：《新唯识论》（白话文本），现收入《熊十力全集》第三卷（武汉：湖北教育出版社，2001），页530—532。

熊先生虽不谙西学，然思想透辟，不轻易附和时流的意见。事实上，西方哲学的主流在思辨，中国哲学的主流在实证相应，熊先生不误也。函中提及方先生即业师方东美教授。我曾追随东美师学柏拉图，他畅论《宴会篇》（*Symposium*）讲"辩证的超升"（dialectical ascendency），不断追求境界的提升；《国家篇》（*Republic*）洞窟之寓言（allegory of the cave）要人不要惑于壁上的影像而要向往精神的太阳，东美师所谓努力向外追求者，自有其理据。东美师也雅好怀特海之宇宙论，而盛张大易"生生而和谐"之旨。但这和当代新儒家继承宋明理学，特别是孟子到王阳明心学的线索，的确有一间之隔。熊先生之被尊为当代新儒家的开祖，良有以也。东美师在早年也曾教过唐君毅先生，而唐先生著《道德自我之建立》（1944 年），却和牟先生一样是继承熊先生所开出的线索。唐先生以为真正的道德生活应为自觉地支配自己，自作主宰，自律生活。道德行为超越现实的自己的限制，是现实自我之解放的表现，亦是道德自我的呈现。此即为中国哲人所谓的本心本性。人自外部看，为一物质身体之存在，受时空的限制。人的精神却可超越任何特定的时空，而通上下四方与古往今来。精神的自觉常为自觉地求真、善、美等价值的表现，在此义下即可谓人性善。恶乃由于一念的陷溺，一念之警醒即为善。故善与恶相对，为要对治恶，人要常常警醒，人的精神要不断上升以去恶而存善。道德自我为其学问探求的开始，亦为其学问所要归向之所在。这样的思想与熊先生之对比本心与习心是血脉贯通的。唐先生后来起草《中国文化与世界宣言》，由他和牟先生、徐复观以及张君劢四位学者签署，成为当代新儒家最重要、也最富有代表性的文献。[16] 此处不赘。

由以上所说，可见狭义当代新儒家以人的自然生命为起点，拒绝随躯壳起念，作由主而逆的反思，不断向上提升，不达到精神主体之建立，体现与天地万物一体的境界，绝不罢休。这样必然扬弃自然主义的思想，归向理想主义的境界，义无反顾。但一旦见体，找到安心立命之所，难道便无余事么？熊先生早就提出警告，他说：

> 孰谓一旦悟入自性，便可安享现成，无所事事哉！明季王学末流之弊，甚可戒也。一旦有悟，便安享现成，流入猖狂一路。晚明王学，全失阳明宗旨，为世诟病。夫阳明自龙场悟后，用功日益严密，擒宸濠时，兵事危急，绝不动心。此是何等本领，然及其临殁，犹曰"吾学问才做得数分"。后学空谈本体，非阳明之罪人哉！[17]

---

16 《中国文化与世界宣言》，发表于 1958 年元旦的《民主评论》与《再生》杂志，后收入唐君毅：《中华人文与当今世界》（香港：东方人文学会，1975），下册，页 865—929。

17 熊十力：《新唯识论》（白话文本），页 419—420。

阳明清楚分别"见闻之知"（经验层面）与"德性之知"（先验层面），即他所谓良知，却深刻了解二者之间的辩证关系，他说："良知不由见闻而有，而见闻莫非良知之用，故良知不滞于见闻，而亦不离于见闻。"（《传习录中》，《答欧阳崇一》）此即熊先生所谓"量智莫非性智之发用"之所本。树立精神本体，找到安心立命之所，是一个问题的终结，同时也是另一个问题的开始。走"回环"的道路，"超越"要融贯于"内在"之中，所谓"内圣外王"，恰正是儒家向往的目标，奋勉以求，终生不懈，生生而不容已，孟子所谓过化存神，具体的生命只能完成于不完成之中。由个体道德生活的实践，到国家民族文化的开拓，政事之长治久安，世界秩序之建立，以至环境之保育，天地万物各得其所，这是一个永远无穷无尽的过程，蕴含上下升降之机，端赖吾人之智慧做出正确的选取。而谋事在人，成事在天，我们只能谦卑地接受无法完全预知的命运，知其不可而为，如是而已！

　　理想要实践，就不能不重新考虑"精神"与"自然"的关系，不能将之两极化成为对立的二元，而必须由一个新的视域看理想主义与自然主义会通的可能性。正是在这里我们才得以看到"回环"的必要性与重要性。下面我就选取几个我在近年来关心的论题来展示出，为何必须在进入新的世纪与千禧的当儿，探索新儒家上一个世代所未充分加以注视的问题与可能性。

首先看我的背景，牟先生就说，其实我是方东美的弟子，只是他的半个弟子，这是完全符合事实的说法。我的幸运在，两位老师从不干预我的思绪的发展，而听任我自己做出取舍。就宋明理学的理解与终极关怀的选取而言，我归向了新儒家，这是众所周知之事。但这不是说，东美师对我没有重大的影响。[18]我在去东海大学执教受到牟先生深刻影响之前，早就由东美师那里继承了一个宽宏的文化哲学格局，也正因为我有不同的资源，才会经常提出一些与牟门弟子不同的见解，而且我觉得有责任向牟先生提出异见，而牟先生也不以为忤，反而感觉与我谈论比较有兴味。如所周知，东美师特别不喜欢宋明儒，认为受到二氏的影响，过分内转，格局偏狭，而回归原始儒家。就心性论而言，我认为内转有其必要，乃与东美师不同调。但他以宋明儒开拓不足，却是恰中要害，圣学的追随者必须深切反省才行。东美师对《易传》所蕴含的一套"生生而和谐"的宇宙论与人生观做出了创造性的阐释，发挥得淋漓尽致，这是我所佩服的。我认为东美师掌握了《易传》的"宇宙论符示"，新儒家则掌握了"道德形上学符示"，两方面互补，才能把握全貌。[19]东美师比观古希腊、近代

18　我对东美师思想的理解与吸收，参拙作：《方东美传》与《方东美哲学与当代新儒家思想互动可能性之探究》，现收入拙著：《现代新儒学之省察论集》，页211—251。
19　1987年7月在圣地亚哥举行第五届国际中国哲学会，我作会长演说：《论周易思想的四个层面》就讲了这个意思。此文后来刊出，参 Shu-hsien Liu,（转下页）

欧洲、印度、中国四大哲学传统，他狠批隐含在近代欧洲哲学后面的虚无主义，而回归柏拉图的智慧，并盛赞原始儒家健康的生命情调。如前所说我在大学时听东美师讲到柏拉图，东美师以柏拉图中期思想鄙弃眼前的感觉世界，依辩证的超升，不达到永恒的理型世界绝不罢休。是在这里，他看到了柏拉图对精神本体的追求。但柏拉图缺少宋明儒心性论的一环，未能体现每一个人内在的乾元性海，所谓本心本性，故不为熊先生所首肯。但柏拉图所向往的既是精神的太阳，也未必一定是纯外；他以御者驾驭良马、控制劣马的比喻，象征以理驭欲的指向，实与中国哲学宋明理学的传统若合符节。最重要的是，东美师指出，在柏拉图晚期的思想有一重要的转向，不再像中期思想那样指向超越，一往而不返。到了晚期，柏拉图看到现实宇宙人生相对的价值，而做出了"拯救现象"的努力，由"超越"回转"内在"，而展示了柏拉图哲学另一个重要的面向。我在这方面深深受到东美师的启发。在新儒家追求的过程中，的确不能停止在怀特海宇宙论的层面，还要更进一步鞭辟入里，掌握到人人内在的本心本性。但道德形而上学既立，又不能停滞在超越的心性上面。不只个体的道德实践需要知识，世界也不能像休谟那样，看成理（cognitive）情（emotive）分离之二分架构。怀特海超越古典物理学与

（接上页）"On the Functional Unity of the Four Dimensions of Thought in the Book of Changes", *Journal of Chinese Philosophy*, vol. 17, no. 3（Sep., 1990）, 359–385。

英国经验论的"错置具体性的谬误"，建构一套有机的自然观，实有其划时代的意义。故在体现到本体的根源之后，生生而不容已，必呈现一生生而和谐、存在与价值统一的宇宙。这样在回环之后，中国哲学实可以吸纳怀特海宇宙论的睿识以拓展自己的格局。事实上牟先生在《认识心之批判》就留下了发展宇宙论的可能性。在此书最后第四卷之第二章即言"宇宙论的构造"，读者可以参看，此处不赘。

由以上所说，可以看到东美师与新儒家并非互不相容，既有差异，也有彼此可能融通之道。东美师一生不属任何门派，后来被归入现代新儒学的阵营完全是偶然的结果。余英时就不同了，他曾撰文宣称乃师钱穆不是新儒家，当然表示他自己也不是新儒家。但后来主流意见认为，钱穆、余英时虽不是狭义的"当代新儒家"，却属于广义的"现代新儒学"的阵营。钱穆与唐君毅创办新亚书院，长期合作，余英时是史家，曾受业二人，彼此之间有千丝万缕的关联，故论者以他们与当代新儒家的分别有似程朱理学与陆王心学的分别，是同一思潮下面的两个分支。我一向以余英时为当代新儒家之诤友，他的批评虽还是有隔阂处，但提出的一些重要的问题不容加以忽视。我曾经与他有过两场大论辩[20]，却无损于彼此间的友情，堪称异数。英时兄对新儒

---

20 第一场即辩论钱穆是否新儒家问题，参余英时：《钱穆与新儒家》，收入余氏著：《犹记风吹水上鳞》（台北：三民书局，1991），页31—98。我的回应，参拙作：《对于当代新儒家的超越内省》，现收入拙著：《当代中国哲学论：问题篇》（新泽西：美国八方文化企业公司，1996），页1—67。第二场辩论有关朱子内圣（转下页）

家的道统观提出批评，他引钱先生的说法，以道统观念由韩愈提出，显然来自禅宗；又以宋明儒所争持为主观的、单传孤立的、易断的道统，其实纰缪甚多，若真道统则须从历史文化大传统言，当知此一整个文化大传统即是道统。这样的批评明显缺乏相应的理解。朱子建立道统，所取的是与禅宗了无关涉的另外一种方式。儒家并无衣钵可传，道之承载存乎其人，随时可传，也随时可以中断。儒家传统向来是以先知觉后知，心性之体认可能是少数，然而知识分子的担负正是要把道推扩到天下，并不存在与广大文化传统对立的问题，宣言名为"中国文化与世界"即其明证。英时兄以当代儒学有由"尊德性"转往"道问学"的倾向，这是我同意的。当代名家多是圣学的学者，并不即是圣贤；而圣学的研究者也不比其他学问的研究者高人一等。但知识分子有家国天下的抱负，与纯粹只顾专业的学者，毕竟有所不同。英时兄批评教主的心态，如果有的话，当是人病，并非法病。牟先生即曾对我明言，绝无以教主自任的意思。英时兄批判反智论，这也是我赞同的。但我明确指出，阳明本人决非反智论，阳明后学之荡越，始有此弊。英时兄提出"良知的傲慢"的警告，这是深刻的。牟先生每称颂象山心学之直贯，而以朱子之横摄有一间之隔。这当然有他一定的根据。但就修养工夫而言，过分强

（接上页）外王思想的理解，相关文献见《九州学林》1 卷 2 期（2003，冬季），2 卷 1 期（2004，春季），与 2 卷 2 期（2004，夏季），有兴趣的读者可以参看。

调良知的直下承担，缺少省察的慎思明辨，只讲笃行，则朱子谓象山门人竟以气禀之杂都把做心之妙理，后果堪虑，不能说没有他的道理。故象山之顿必须辅之以朱子之渐，两方面不可偏废，方是正理。而象山早逝，陆学未成显学，为害不大，到王学末流，人欲横流，就不可收拾矣！前引熊先生说也不慊见成良知，可以思过半矣！

2003 年英时兄出了他的扛鼎大作《朱熹的历史世界》。他重构朱熹时代的政治文化，开拓了新的领域，这是我所佩服的。但他对思想史的诠释虽有相当启发，也有一些说法，因为视域不同，引起了我的质疑，往复数回，所谓真理越辩越明，彼此都有益处。在这里我只提一个与我们当前相干的论题，加以讨论。英时兄认为，长期以来，在道统"大叙事"的浸润之下，我们早已不知不觉地将道学或理学加以抽离，理解为专讲心、性、理、气之类的"内圣"之学。至于"推明治道"的"外王"之学，虽非全不相干，但在道学或理学中则处于非常边缘的地位。然而英时兄认为，道学虽以"内圣"显其特色，"推明治道"仍是道学的中心关怀，宋代儒学的整体动向是秩序重建，而治道——政治秩序——是其始点，故需要在概念上进行一次"哥白尼式的回转"（Copernican revolution）。我对这样的说法表示难以苟同。我不认为此处存在"哥白尼式的革命"开创了地动说那样重大的论题。《大学》的三纲领是：明德、亲民、止于至善；八条目是：格、致、诚、正、修、齐、治、平。很明显，内圣为本，本立而道生。就内圣与外王的关系来看，必定是内圣为主，外王为从。凡儒者莫不有推明治道的向往，并做出这方面的努力，但并不因此可以倒转过来说外王为本。孤悬地谈心性固不称理，但修心养性是儒者修身所谓"为己之学"，自己可以下功夫的范围，而治国、平天下却有待外在的机缘，有许多不由自己掌控的因素。故陆象山上殿轮对之后，没有得到圣上积极正面的回应，即有"君子居易以俟命"的感想。英时兄虽不否定内圣的重要性，主要的关注始终在秩序重建方面。经过往复的辩论之后，他明言"外王"与"秩序重建"之间不能画等号。我们同意"内圣—外王"为连续体，不能加以割裂。但哲学与史学的关注始终有差别，只不过我们也都同意，中国传统经史并重，文史哲不可分家；理想不可脱离实际，现代新儒学不免要面临一种困境。依英时兄的观察，现代新儒有似"游魂"。我并不以此为贬词，而以之为有意义的现象学的描绘，所呈现的问题必须加以正视，才是正理。

　　自清廷覆亡，制度化的儒家画下句点之后，少数儒者苦心孤诣，勉力维系儒家精神于不坠。然而理想与实际之间的差距是巨大的。大陆"文革"之反孔达到最高潮，台湾地区近年也因政治有"台独"的倾向，而有所谓"去中国化"的呼声，孔子又无端受到牵累，被视为"外国人"。这虽不成气候，不致影响学术公义，仍然令人感到遗憾。然而吊诡的是，反而在外国，不但不反孔，反倒尊孔，如南乐山打出"波士顿儒家"的旗号，把儒家当作可以转移到世界其他地区的精神传统。南乐山并不是汉学家，对中国传统的了解只能依赖第二手的资料，却在精神上有如许感通，令人感动，我即对之做出批评的检讨以及积极的回应。首先要指出的是，南乐山是杜威、怀特海、赫桑的流亚，孕育于自然主义的传统；对儒学的理解则受到芬格莱特（Herbert Fingarette）的影响，[21] 重点放在礼，不在仁；很明显，他的出发点与当代新儒家有很大的差距。他在方法论上完全是美国自然主义的进路，他取径于实用主义者皮尔士（C. S. Peirce）的"记号学"（semiotics），采取"主题"（motif）分析的方式来做三大文明传统的比较研究，他说：

> 在东亚，阴阳与人文化成自然的主题结合，使得人的情状必须与道协调，既符合而又实现道的要求，有了文明上的重要性。东亚文明缺少西方与南亚对于创世的强调。它分享的是，命的规范主题的众多表态，既相关于天命，也相关于帝王仪规的指令。但与西方不同的是，命的规范决非外于人内在的本性与倾向；正好相反，要和人内在的道一致才能达到。东亚文明与南亚所分享的主题是，自然由交织在一起的过程所

21　Cf. Herbert Fingarette, *Confucius: The Secular as Sacred* (New York: Harper & Row, 1972). 芬格莱特以礼有魔术般的效用、孔子思想以俗世为神圣而名噪一时。

组成，不讲整全的物或实体；但东亚主题绝少把自然的历程当作幻化，或外于真我者，相反，乃以之为自我最中心的成分。[22]

我指出，南乐山以"阴阳感应"为东亚的主题是错误的，正因为他缺少了当代新儒家对于自然主义与理想主义的分疏才会有这种不齐的说法，而提议以"天人合一"为主题，此词虽后起，却可以贯穿儒、道、墨、名、阴阳诸家，只法家被排除在外。至于人文化成，这确是中国文化的主流思想。新儒家也由礼开始，但必逆反至礼之本，找到了仁心。一旦本心本性既立，新儒家必走"回环"的道路，则南乐山的考虑都是很有道理的。他认为德性一定要通过礼仪造成习惯才会有效，孟子的仁义必须要辅以荀子的礼智才能落实。事实上在当前的脉络下，我们的确必须吸纳波士顿儒家宇宙论的玄想与礼仪的重视，才能有进一步的开拓与推广。而南乐山和我都应"现存哲学家图书馆"（Library of Living Philosophers）之邀对伊斯兰哲学家纳塞（Seyyed Hossein Nasr）做出回应。

南乐山对纳塞 perennial philosophy（万古常新的哲学）的理想是赞同的。但他觉得策略是错误的，以至为当前西方主流哲学所漠视乃至轻视，这是十分可憾的。南乐山认

22　拙译，转引自拙文：《作为世界哲学的儒学：对于波士顿儒家的回应》，页 29。

为，常新哲学其实可以有两条不同的进路。纳塞取传统的方式，先层层超升到超越存在之境，然后才下降，把智慧传布给信众。这种方式与当前西方思想格格不入，难怪缺乏正面的回应。南乐山建议，常新哲学其实可以有另一进路，不妨将传统颠倒过来，由下而上，就可收到完全不同的效果。南乐山的批评与建议也同样适用于上一世代的新儒家。再看我对纳塞的批评与回应，似有两极化的反应。[23]一方面纳塞由苏菲派（Sufism）的传统肯定"智的直觉"，与新儒家有所呼应，应加肯定。但另一方面纳塞吁求回返中世纪的"神治"（theonomy），否定近代西方的民主与科学，却与新儒家的走向背道而驰。正因此，新儒家既通过曲通的方式肯定科学与民主，那就不会像纳塞那样斩钉截铁拒绝南乐山的提议。新儒家见体之后走"回环"的道路，本心本性既立，在策略上取由源及流或由流溯源的道路，尽可以作有弹性的变通。如此则古今中外不必陷入矛盾冲突之境地，而留下了会通的余地与契机。这恰正是我们这一代努力的目标。

事实上我们这一代与上一代的处境不同，脉络有异，在精神上继承上一代，在作为上却必须与时推移，改弦更张，才有进一步的开拓的空间。上一代新儒家适逢大陆政权鼎革之际，甘当孤臣孽子，有必要强调儒家道统之正当

23　参拙作：《新儒家与新回教》，现收入拙著：《当代中国哲学论：问题篇》，页113—137。

性。我们这一代海外的新儒家多到外国留学，在异域谋求一枝之栖，预设了一个民主、自由、多元的架构。我们无须证明儒家比其他传统优越，只要阐明我们的精神传统自有其立足之所即可。而进入新的世纪、千禧在思想上也有了新的动向。孔汉思起草《世界伦理宣言》，奇迹似的于1993年在芝加哥举行的世界宗教会通过。[24] 我也立即给予积极正面的回应。孔汉思认为由现代进入后现代，当今世界已成为一个日益狭小的地球村，资源有限，如果不同的族群、国家、文化、宗教互相冲突，未能产生一种崭新的"全球意识"（global consciousness）之觉醒，就会导致彻底破坏性的后果。因此他极力鼓吹各精神传统不可故步自封，或者随波逐流，甚至认为兼容并包也有所不足，而必须深切自反，对自己的传统提出坦诚的批评，而努力推动宗教对话（interreligious dialogue）。与他同有天主教背景的好友史威德勒（Leonard Swidler）更提出了"不对话，即死亡"（Dialogue, or death!）的戏剧化的警告。[25] 2001年纽约世贸大厦双子塔被恐怖袭击，与2005年7月伦敦的爆炸，说明这绝不是知识分子的杞人忧天或者危言耸听。我们在今日确有必要在各个不同精神传统之间谋求低限度的共识，或者才能避免世界毁灭的恶果。孔汉思以"Humanum"

24　Hans Küng and Karl-Josef Kuschel, eds., *A Global Ethic, The Declaration of the Parliament of World's Religions*（London: SCM Press, 1993）.

25　Leonard Swidler, ed., *For All Life: Toward a Universal Declaration of a Global Ethic: An Interreligious Dialogue*（Ashland, Oregon: White Cloud Press, 1999）.

（humanity，人道）为此一共识，这是我乐意支持的睿识。但在方法论上，他赞许的"归纳"（induction）指出，古往今来各精神传统均有类似"金律"的不同表述，故我们建构的全球伦理不是由上而下的指令，而是各传统由下而上的共识。这个方向是不错的。但我认为，西方的归纳向来着重"取同略异"，不如儒家传统的"理一分殊"存异求同，更能阐发当前建构全球伦理的意旨。当然正因为全球伦理是低限度的伦理，它并不能够解决所有现在人类必须面对的问题，如堕胎、干细胞培养、基因图谱、安乐死之类，还留下了很大的空间容许我们去作创意的发挥。但由这样的起点，知其不可为而为，就有希望可以找到契机，超越克服我们在今日面临的困境。这篇文章当可视为我在"理一分殊"、"两行之理"之后的第三部曲，由此可以看到我对当前脉络的理解，也指示了贯穿我近年来所作努力的方向。

（本文宣读于 2006 年 1 月 12—14 日由台北"中央研究院"中国文哲研究所主办之"理解、诠释与儒家传统"国际研讨会。）

后　记

　　2005 年 3 月我应邀回新亚书院作“钱宾四讲座”，发表了三场演说，讲儒家哲学的三个大时代。但因受到时间限制，仅能揭示重点，未能尽情发挥，感到意犹未足。而“钱宾四讲座”自李约瑟揭开序幕以来，即有一出版系列，受到普遍的肯定，故决定把讲稿写出来。

　　回台湾地区以后，因事冗只能断断续续工作。先完成“先秦儒学”部分，接着写“宋明儒学”部分。“宋明儒学”是我由二十世纪八十年代开始，到二十世纪结束，集中心力做研究的一个领域，终于在 2006 年初完稿。这一部分篇幅最大，写作的难度最高，处理了一些以前并不那么熟悉的材料。写完之后，心情上有一种轻松的感觉。我写这两个部分，正文平铺直叙，历年做的研究均压缩在脚注之中。难怪宗义在看了第一部分以后，指出熟悉我的思路的人不会有任何困难，但一般读者可能会有一些问题。我盼他提出修订的建议，但他也因事冗，乃将前面两个部分交给新